EL PODER
DE LA SANGRE
DE JESÚS

EL PODER DE LA
SANGRE DE JESÚS

VERSIÓN COMPLETA CON ANOTACIONES EXPLICATIVAS

Andrew Murray
Traducido por Eliud A. Montoya

PALABRA PURA
palabra-pura.com

EL PODER DE LA SANGRE DE JESÚS
POR ANDREW MURRAY

Copyright © 2021 por Eliud A. Montoya
Todos los derechos reservados
Derechos internacionales reservados

ISBN: 978-1-951372-19-4

Las citas bíblicas de esta publicación han sido tomadas de la Reina-Valera 1960™ © Sociedades Bíblicas en América Latina, 1960. Derechos renovados 1988, Sociedades Bíblicas Unidas. Utilizado con permiso.

A reserva de algunas citas breves en libros, artículos y críticas literarias (mencionando la fuente), ninguna parte de este libro puede ser reproducida en ninguna forma por medios mecánicos o electrónicos, incluyendo almacenaje de información y sistemas de reproducción sin permiso previo por escrito del autor.

Apreciamos mucho HONRAR los derechos de autor de este documento y no retransmitir o hacer copias de éste en ninguna forma (excepto para el uso estrictamente personal). Gracias por su respetuosa cooperación.

Traducción completa: Eliud A. Montoya
Diseño del libro: Juliana Montoya Sagaidak
Editorial: Palabra Pura, www.palabra-pura.com
RELIGION / Teología cristiana / Cristología

TABLA DE CONTENIDO

CAPÍTULO 1	LO QUE LAS ESCRITURAS ENSEÑAN RESPECTO A LA SANGRE	9
CAPÍTULO 2	REDENCIÓN POR LA SANGRE	27
CAPÍTULO 3	RECONCILIACIÓN MEDIANTE LA SANGRE	43
CAPÍTULO 4	LIMPIEZA MEDIANTE LA SANGRE	59
CAPÍTULO 5	LA SANTIFICACIÓN MEDIANTE LA SANGRE	73
CAPÍTULO 6	PURIFICADOS PARA SERVIR AL DIOS VIVO	87
CAPÍTULO 7	HABITANDO EN EL SANTÍSIMO	101
CAPÍTULO 8	VIDA EN LA SANGRE	121
CAPÍTULO 9	VICTORIA MEDIANTE LA SANGRE	133
CAPÍTULO 10	GOZO CELESTIAL MEDIANTE LA SANGRE	149

CAPÍTULO 1

Lo que las Escrituras enseñan respecto a la sangre

No sin sangre —Hebreos 9:7

Dios nos ha hablado en las Escrituras en numerosas porciones y de varias maneras, pero su voz es siempre la misma: es la Palabra del mismo Dios.

Por esta razón, tratar la Biblia como un todo y recibir el testimonio que ella nos da en sus distintas porciones concerniente a sus verdades definitivas, es algo esencial. En este sentido podemos reconocer el lugar que estas verdades ocupan en el corazón de Dios. Podemos descubrir las verdades fundamentales de la Biblia, las cuales demandan más atención que otras debido a su contenido. Estas verdades se erigen prominentemente a medida que avanza el desarrollo de la revelación de Dios; ellas permanecen inamovibles aun cuando la dispensación cambia, y esto lleva consigo una insinuación divina de su importancia.

En los capítulos siguientes tengo el objetivo de mostrar lo que las Escrituras nos enseñan respecto al glorioso poder de la sangre de Jesús y de las maravillosas bendiciones que ésta asegura para nosotros. No puedo establecer un mejor fundamento para mi exposición ni ofrecer mejor prueba de la incomparable gloria de esa sangre (tratándose del poder mismo de la redención) sino mediante la petición que ahora hago a mis lectores a ir conmigo a través de la Biblia. Ahí —registrado en la Biblia— veremos el lugar único que tiene la sangre, y esto de principio a fin en la revelación de Dios hacia el hombre.

Claramente, ningún tema en las Escrituras, desde el Génesis hasta el Apocalipsis es mantenido tan consistente y prominentemente como el expresado con las palabras *la sangre*.

Nuestro estudio entonces, consiste en lo que las Escrituras nos enseñan referente a la sangre:

1.- En el Antiguo Testamento.
2.- En las enseñanzas de nuestro Señor Jesús.
3.- En la enseñanza de los apóstoles.
4.- En el libro de Apocalipsis.

La sangre en el Antiguo Testamento

El registro de la sangre comienza en las puertas del Edén, pero no investigaré los misterios no revelados del Edén. No obstante, se puede notar fácilmente la conexión de la sangre con el sacrificio de Abel. Él trajo de *los primogénitos de las ovejas* al Señor para ofrecerlo en sacrificio; ahí, la sangre fue derramada (Génesis 4:4) en conexión con el primer acto de adoración registrado en la Biblia. Aprendemos de lo dicho por Hebreos 11:4 que Abel ofreció *por la fe*, un sacrificio aceptable, y su nombre aparece en el primer lugar de la lista de aquellos identificados como creyentes. «*Por la fe Abel ofreció a Dios más excelente sacrificio que Caín, por lo cual alcanzó testimonio de que era justo, dando Dios testimonio de sus ofrendas; y muerto, aún habla por ella*» (Hebreos 11:4). Así, la fe de Abel y el beneplácito de Dios están íntimamente ligados con la sangre del sacrificio.

A la luz de la revelación posterior, este testimonio, dado en los inicios mismos de la historia humana, tiene un significado profundo; pues muestra que no puede haber un acercamiento a Dios, ninguna comunión con él por medio de la fe, ningún gozo debido a su favor, sino es por la sangre.

Las Escrituras nos dan pocos detalles respecto a los siguientes dieciséis siglos, y continúa hablando directamente del diluvio, el cual fue el juicio de Dios por el pecado que trajo la destrucción de toda la humanidad. Y Dios renovó la tierra mediante aquel terrible bautismo en agua.

Nótese, no obstante, que la tierra renovada no sólo fue bautizada con agua, sino con sangre, y el primer acto de Noé que está registrado —luego que salió del arca— fue la ofrenda de un sacrificio para Dios. Así como Abel en el principio, así también Noé en un nuevo comienzo, su conexión con Dios fue, tanto del uno como del otro, *no sin sangre*[1].

---

[1] Se refiere al sacrificio que Noé ofreció al Señor inmediatamente después de salir del arca. Véase Génesis 8:18-21.

El pecado una vez más prevaleció, sin embargo, Dios estableció un nuevo fundamento para el establecimiento de su reino sobre la tierra. Mediante el llamado divino de Abraham y el nacimiento milagroso de Isaac, Dios eligió a su pueblo para servirle; sin embargo, su propósito no sería cumplido sin el derramamiento de sangre; esto es evidente a la hora más solemne en la vida de Abraham.

Dios ya había entrado en una relación de pacto con Abraham, y su fe había sido severamente probada, y él había resistido la prueba.

«*Y no se debilitó en la fe al considerar su cuerpo, que estaba ya como muerto (siendo de casi cien años, o la esterilidad de la matriz de Sara. Tampoco dudó, por incredulidad, de la promesa de Dios, sino que se fortaleció en fe, dando gloria a Dios, plenamente convencido de que era también poderoso para hacer todo lo que había prometido; por lo cual también su fe fue contada por justicia*» (Romanos 4:19-22).

Esto le fue reconocido o contado por justicia. «*Porque ¿qué dice la Escritura? Creyó Abraham a Dios, y le fue contado por justicia*» (Romanos 4:3). Aunque Abraham tuvo que aprender que Isaac, el hijo de la promesa —quien pertenecía enteramente a Dios— podría ser verdaderamente rendido a Dios solamente mediante la muerte[2].

---

[2] Isaac es un tipo de Cristo. Él le pertenecía enteramente a Dios, y aunque era hijo de Abraham, y siendo que Abraham sería justificado por la fe, era necesario que éste, como Cristo, muriera y resucitara. Pero, como lo dice Murray después, no pódría resucitar por causa del pecado; así que, como dice Hebreos 11:17-19, Isaac murió y resucito en sentido figurado.

Isaac tenía que morir. Tanto para Abraham como para Isaac la liberación de su propia vida solo podría ser posible mediante la muerte. Abraham tenía que ofrecer a Isaac en el altar, y este no fue un acto arbitrario de Dios, sino la revelación de la verdad divina de que es solamente mediante la muerte que es posible vivir una vida verdaderamente consagrada al Señor.

«Por la fe Abraham, cuando fue probado, ofreció a Isaac; y el que había recibido las promesas ofrecía a su primogénito, habiéndosele dicho: En Isaac, te será llamada descendencia; pensando que Dios es poderoso para levantar aun de entre los muertos, de donde, en sentido figurado, también le volvió a recibir» (Hebreos 11:17-19).

Pero era imposible para Isaac morir y levantarse de la tumba, porque, debido al pecado, la muerte lo retendría[3]. *«Entonces alzó Abraham sus ojos y miró, y he aquí a sus espaldas un carnero trabado en un zarzal por sus cuernos; y fue Abraham y tomó el carnero, y lo ofreció en holocausto en lugar de su hijo»* (Génesis 22:13).

Se le perdonó la vida a Isaac, y un carnero fue ofrecido en su lugar. Fue precisamente la sangre que se derramó en el monte Moria lo que permitió que se le perdonara la vida a Isaac. Él y sus descendientes viven delante de Dios, pero *no sin sangre*. Mediante esa sangre, en sentido figurado, él se levantó de la tumba. Así, se enseña aquí la gran lección de la sustitución.

---

[3] Esto en alusión a lo que dijo Pedro en Hechos 2:24, y en conexión a lo que el mismo Murray explica más adelante respecto a Jesús (porqué dice la Biblia que era imposible que la muerte le retuviera).

Pasaron 400 años, y los descendientes de Isaac se convirtieron en los hijos de Israel en Egipto; y luego, al ser liberados de la esclavitud ahí, Israel fue reconocido como el primogénito de Dios de entre las naciones. «*Y dirás a Faraón: Jehová ha dicho así: Israel es mi hijo, mi primogénito*» (Éxodo 4:22). Y una vez más, *no sin sangre*. Ni la gracia de Dios, ni su pacto con Abraham, ni el ejercicio de su potestad, nada de esto exentó a los israelitas de la necesidad de sangre para ser liberados de sus opresores.

Lo que la sangre hizo en el monte Moria para una persona –Abraham–, quien es el padre de la nación, preciso era ahora para toda ella. Así, cuando los israelitas untaron los dinteles de las puertas con la sangre del cordero pascual y con la institución de la Pascua como una ordenanza perpetua, el pueblo fue instruido respecto a que, únicamente mediante la muerte de un sustituto, es posible obtener la vida. «*Y la sangre os será por señal en las casas donde vosotros estéis; y veré la sangre y pasaré de vosotros, y no habrá en vosotros plaga de mortandad cuando hiera la tierra de Egipto*» (Éxodo 12:13). La única manera en que ellos pudieran alcanzar la vida era mediante la sangre de una vida que fuese dada en su lugar, la cual se hacía propia al untar esa sangre en los dinteles. «*Por la fe celebró la pascua y la aspersión de la sangre, para que el que destruía a los primogénitos no los tocase a ellos*» (Hebreos 11:28).

En el mes tercero, esta lección fue reforzada de manera sorprendente. Israel había llegado ya al Sinaí y Dios había dado ya la ley como el fundamento de su pacto. No obstante, ese pacto tenía que ser ratificado, y esto no era posible (tal y como lo declara Hebreos 9:7), *sin sangre*.

Así, Moisés roció la sangre sacrificial sobre el altar y luego sobre el libro del pacto, todo esto representada la parte divina del pacto; pero luego roció sobre el pueblo declarando lo siguiente: «*He aquí la sangre del pacto que Jehová ha hecho con vosotros sobre todas estas cosas*» (Éxodo 24:8; Hebreos 9:19).

El pacto tenía su fundamento y poder en esa sangre, por ésta solamente, fue posible que Dios y el hombre pudiesen entrar en un pacto de comunión. Lo que había sido prefigurado a las puertas del Edén, en el monte Ararat, en el monte Moria y en Egipto, era ahora confirmado al pie del monte Sinaí de la manera más solemne. Sin sangre, el acceso del hombre pecador a un Dios santo siempre fue imposible.

No obstante, existió una marcada diferencia entre la manera de aplicar la sangre en los casos anteriores con éste. En el monte Moria, la vida fue redimida por el derramamiento de sangre; en Egipto, la sangre fue untada en los dinteles de las puertas, pero en el Sinaí la sangre fue rociada sobre las personas mismas, lo que significa, un contacto más cercano y una aplicación más poderosa.

Inmediatamente después del establecimiento del pacto, fue dado el mandamiento: «*Y harán un santuario para mí, y habitaré en medio de ellos*» (Éxodo 25:8). Ellos habrían de gozar de una bendición plena al tener el Dios que hizo el pacto habitando entre ellos. Mediante su gracia, ellos podían encontrarlo y servirlo en su casa.

Él mismo les dio, hasta en el más mínimo detalle, las instrucciones para la disposición de su casa y respecto al servicio. Imagínese usted mismo estar en este templo (el tabernáculo); seguro usted notará que la sangre es el centro y la razón para todo esto. Imagínese acercándose al atrio de este santuario terrenal; ahí, lo primero que aparecerá ante sus ojos será el altar del sacrificio, donde el derramamiento de sangre continúa de mañana a tarde. Ingrese ahora al lugar santo, y se dará cuenta que lo más sobresaliente ahí es el altar del incienso, el cual es constantemente rociado con sangre. Si usted pregunta que hay más allá del Lugar Santo y la respuesta que recibirá es que está el Lugar Santísimo, el lugar en donde Dios habita. Si usted pregunta cómo es que Él habita, y cómo es que alguno puede acercarse a Él, la respuesta será esta: *no sin sangre*. El trono de oro en donde su gloria resplandece es rociado con sangre una vez por año, cuando el sumo sacerdote entra solo y lleva la sangre con la cual adorará a Dios. El acto de adoración más grande es la aspersión de la sangre.

Si usted desea investigar más, a usted se le dirá que siempre (y para todo) es necesaria la sangre. La manera de tener comunión con Dios es únicamente mediante la sangre: en la consagración del tabernáculo o de los sacerdotes; en el nacimiento de un niño, en el arrepentimiento más sincero de un pecado, en el festival más importante... en todo.

Esto continuó por mil quinientos años. En el Sinaí, en el desierto, en Silo, en el templo construido en el monte Moria, todo esto continuó hasta que nuestro Señor vino para cumplir y de este modo dar por terminadas todas las sombras para dar lugar a la substancia y establecer una comunión con el Santo en espíritu y vedad.

La sangre en las enseñanzas de Jesús

Con la venida de Jesús, todas las cosas viejas pasaron, y he aquí que todas fueron hechas nuevas. Él procede del Padre, quien está en el cielo, y puede entonces decirnos, en la forma divina, el camino al Padre[4].

---

[4] Jesús dijo: Yo soy el camino, la verdad, y la vida; nadie viene al Padre, sino por mí (Juan 14:6).

Alguna vez alguien pudo habernos dicho que las palabras *no sin sangre* pertenecen al Antiguo Testamento. Sin embargo, ¿qué nos dice el Señor Jesucristo? Primero, note que cuando Juan el Bautista anunció su venida él habló de Él respecto a un propósito dual: «*He aquí el Cordero de Dios, que quita el pecado del mundo*», y luego: «*ése es el que bautiza con el Espíritu Santo*» (Juan 1:29, 33). El derramamiento de la sangre del Cordero de Dios tenía que tener lugar antes del derramamiento del Espíritu Santo. Solamente cuando todo lo que el Antiguo Testamento enseñó en relación a la sangre fuera cumplido es que el Espíritu podría empezar su trabajo.

El Señor Jesucristo claramente declaró que su muerte en la cruz era el propósito por el cual Él vino a este mundo; su muerte fue el medio de redención y por la cual trajo vida al mundo. Así, Él claramente declaró que, en su muerte, el derramamiento de su sangre era necesario.

En la sinagoga de Capernaum, Jesús habló de sí mismo como el pan de vida que era dado para la vida del mundo (Juan 6:35). Cuatro veces Él dijo más enfáticamente: «*Si no... bebéis su sangre, no tendréis vida en vosotros. El que... bebe mi sangre, tiene vida eterna... mi sangre es verdadera bebida. El que... bebe mi sangre, en mi permanece, y yo en él*» (Juan 6:53-56). De esta manera, nuestro Señor declaró el hecho fundamental de que Él, el Hijo del Padre, vino a restaurar para nosotros la vida que estaba perdida, y que no puede hacer esto sino únicamente derramando su sangre por nosotros y haciéndonos partícipes de su poder.

El Señor confirmó la enseñanza de las ofrendas del Antiguo Testamento: que el hombre únicamente puede vivir mediante la muerte de otro y así obtener una vida que, mediante la resurrección, se convierte en vida eterna.

Sin embargo, Cristo mismo no puede hacernos partícipes de esa vida eterna, la cual Él obtuvo para nosotros, excepto al derramar su sangre y haciéndonos beberla. ¡Este es un hecho maravilloso! *No es sin sangre* que nosotros podemos tener vida eterna.

Igualmente sorprendente es la declaración de nuestro Señor expresada en la última noche de su vida terrenal. Antes de que Él completara su gran obra al dar su vida en *rescate por muchos*, Él tomó la copa en la última cena diciendo: «*porque esto es mi sangre del nuevo pacto, que por muchos es derramada para remisión de los pecados*» (Mateo 26:28). «*Sin derramamiento de sangre no se hace remisión* [de pecados]» (Hebreos 9:22).

Sin remisión de pecados no hay vida. Pero por el derramamiento de su sangre, Él obtuvo una nueva vida para nosotros; por lo que Él nos llama a beber su sangre, a fin de compartir su vida con nosotros. La sangre que fue derramada en la expiación nos hace libres de toda culpa de pecado, y de la muerte, la cual es el castigo por el pecado. La sangre, la cual por la fe recibimos en nuestras almas, nos da vida, su vida. La sangre que Él derramó fue primero *por* nosotros y luego nos fue dada *a* nosotros.

LA SANGRE EN LA ENSEÑANZA DE LOS APÓSTOLES

Después de la resurrección y ascensión de nuestro Señor ya no fue conocido por los apóstoles según la carne: «*De manera que nosotros de aquí en adelante a nadie conocemos según la carne; y aun si a Cristo conocimos según la carne, ya no lo conocemos así*» (2 Corintios 5:16). Ahora, todo lo que fue simbólico ha pasado, y las profundas verdades espirituales expresadas por símbolos han sido develadas. Sin embargo, no hay velo respecto a la sangre, sino que esta sigue ocupando un lugar de prominencia[5].

La epístola a los Hebreos fue escrita con el propósito de mostrarnos que el servicio del templo se convirtió en improductivo y Dios lo destinó a que pasara cuando Cristo viniera. Aquí precisamente es donde se esperaría que el Espíritu Santo enfatizara la verdadera espiritualidad del propósito de Dios, por lo que es aquí donde se da un nuevo valor a la frase *la sangre de Jesús*.

Leemos, concerniente a nuestro Señor que *por su sangre, entró una vez para siempre en el Lugar Santísimo, habiendo obtenido eterna redención* (Hebreos 9:12).

«¿Cuánto más la sangre de Cristo, el cual mediante el Espíritu eterno se ofreció a sí mismo sin mancha a Dios, limpiará vuestras conciencias de obras muertas para que sirváis al Dios vivo?» (Hebreos 9:14).

«Así que, hermanos, teniendo libertad para entrar en el Lugar Santísimo por la sangre de Jesucristo» (Hebreos 10:19).

«Sino que os habéis acercado... a Jesús el Mediador del nuevo pacto, y a la sangre rociada que habla mejor que la de Abel» (Hebreos 12:22, 24).

«Por lo cual también Jesús, para santificar al pueblo mediante su propia sangre, padeció fuera de la puerta» (Hebreos 13:12).

---

[5] Esto se refiere a que aunque las figuras del Antiguo Testamento dieron lugar a lo real, a lo espiritual del Nuevo, la sangre no es reconocida como una de estas figuras, sino como algo que continúa como sustancial por toda la eternidad.

> «*Y el Dios de paz que resucitó de los muertos a nuestro Señor Jesucristo, el gran pastor de las ovejas, por la sangre del pacto eterno*» (Hebreos 13:20).

Mediante tales palabras, el Espíritu Santo nos enseña que la sangre es el poder central de nuestra entera redención. La frase *no sin sangre* es válida tanto en el Nuevo Testamento como en el Antiguo. Nada, sino únicamente por la sangre de Jesús, derramada en su muerte por el pecado, puede cubrir el pecado (en lo que a Dios respecta) y eliminarlo de nosotros.

Encontramos la misma enseñanza en los escritos de los apóstoles. Pablo escribe: «*siendo justificados gratuitamente por su gracia, mediante la redención que es en Cristo Jesús, a quien Dios puso como propiciación por medio de la fe en su sangre*» (Romanos 3:24-25). Luego, Pablo escribe: «*Pues mucho más, estando ya justificados en su sangre, por él seremos salvos de la ira*» (Romanos 5:9).

A los corintios él declara: «*La copa de bendición que bendecimos, ¿no es la comunión de la sangre de Cristo? El pan que partimos, ¿no es la comunión del cuerpo de Cristo?*» (1 Corintios 10:16).

En la epístola a los Gálatas, Pablo usa la palabra *cruz* para trasmitir el mismo significado, mientras que con los Colosenses une las dos palabras y habla de la *sangre de su cruz* (Gálatas 6:14; Colosenses 1:20).

Él recuerda a los Efesios que hemos sido *redimidos por su sangre* y que hemos sido hechos *cercanos por la sangre de Cristo* (Efesios 1:7; 2:13). Pedro recuerda a sus lectores que ellos han sido *elegidos... para obedecer y ser rociados con la sangre de Jesucristo* (1 Pedro 1:2). Él dice que ellos han sido redimidos *con la preciosa sangre de Cristo* (1 Pedro 1:19).

Vemos también como Juan asegura a sus hijitos que *la sangre de Jesucristo su Hijo nos limpia de todo pecado* (1 Juan 1:7). El Hijo es Jesucristo, que vino mediante agua y sangre; no mediante agua solamente, sino mediante agua y sangre (1 Juan 5:6).

Todos los apóstoles están de acuerdo en que el poder para la redención eterna mediante Cristo se cumple plenamente en la sangre, y entonces este poder es aplicado por el Espíritu Santo.

Sin embargo, ¿es esto meramente un lenguaje terrenal? ¿Qué dice el cielo? ¿Qué es lo que aprendemos respecto de la gloria futura?

La sangre en el libro de Apocalipsis

Es de gran importancia notar que es en el libro de Apocalipsis donde Dios describe la gloria de su trono y la felicidad que poseen aquellos que están a su derredor; es ahí también donde la sangre retiene su lugar prominente.

Juan ve en el trono a un *Cordero como inmolado* (Apocalipsis 5:6). Mientras que los ancianos se inclinan delante del Cordero, ellos cantan una canción que dice: «*Digno eres... porque tú fuiste inmolado, y con tu sangre nos has redimido para Dios*» (Apocalipsis 5:9).

Más adelante, cuando él ve la gran compañía, cuyo número ningún hombre podría contar, se le fue dicho de quienes se trataba: «*Estos son los que han salido de la gran tribulación, y han lavado sus ropas, y las han emblanquecido en la sangre del Cordero*» (Apocalipsis 7:14).

Luego, una vez más, Juan escucha la canción de victoria sobre satanás: «*Y ellos le han vencido por medio de la sangre del Cordero*» (Apocalipsis 12:11). En la gloria del cielo, tal y como fue vista por Juan, no hay frase para el gran propósito de Dios, ni para el sorprendente amor de su Hijo, o para el poder de su redención, ni el gozo y la acción de gracias del redimido que pueda ser reunido y expresado sino en esto: *la sangre del Cordero.* Desde el principio y hasta el final de las Escrituras, desde el cierre de las puertas del Edén hasta la apertura de las puertas de la Jerusalén celestial, corre un hilo de oro: la sangre unifica el principio y el final y gloriosamente restaura lo que el pecado ha destruido.

No es difícil ver las lecciones que el Señor desea que aprendamos partiendo del hecho de que la sangre ocupa tal prominente lugar en las Escrituras.

Dios no tiene otro camino para tratar con el pecado o con el pecador excepto mediante la sangre

A fin de obtener victoria sobre el pecado y de que el pecador sea libre, Dios no ha provisto otro medio o pensamiento fuera de la sangre de Cristo. Sí, es de hecho algo que excede a todo entendimiento. Todas las maravillas de la gracia están enfocadas en la sangre:

- La encarnación, por la cual Él tomó en Él mismo nuestra carne y sangre (Juan 1:14).
- El amor que no escatimo ni aun ir a la muerte (Romanos 5:8).
- La justicia, el perdón obtenido en la redención mediante su sangre (Efesios 1:7).
- La substitución, el Justo quien padeció por las culpas del injusto (2 Corintios 5:21).
- La expiación por el pecado (Hebreos 2:17).
- La justificación hizo posible una renovada comunión con Dios (2 Corintios 5:18).

- La limpieza y santificación que nos califica para tal comunión (Efesios 5:25-27).
- La verdadera unión entre nosotros cuando el Señor Jesús nos dio su vida (Juan 17:11, 21).
- El gozo eterno del himno de alabanza, *Tu... nos has redimido para Dios* (Apocalipsis 5:9).

La sangre debe tener el mismo lugar en nuestros corazones que el que tiene con Dios

Desde el principio de los tratos de Dios con el hombre, desde la fundación del mundo, el corazón de Dios se ha regocijado en la sangre de Jesús. Por tanto, nuestro corazón nunca descansará, ni encontrará salvación hasta que aprendamos a caminar y a gloriarnos en el poder de la sangre de Cristo.

El pecador penitente que anhela el perdón no es el único que está obligado a valorar la sangre de Jesús. No, el redimido también necesita experimentar el anhelo que Dios tiene cuando Él se sienta en el trono de gracia —en su templo—, en donde la sangre está siempre presente y es evidente. Nada acerca más nuestros corazones a Dios, ni nos llena más de su amor, gozo y gloria sino viviendo minuto a minuto con la vista puesta (espiritualmente) en la sangre de Cristo.

Tomemos el tiempo y preocupémonos por entender la bendición completa encerrada en esa sangre

La sangre de Jesús es el misterio más grande de la eternidad, el misterio más profundo de la sabiduría divina. No imaginemos que podremos captar fácilmente su significado. Dios pensó que eran necesarios cuatro mil años para preparar al hombre para este entendimiento, por tanto, y es indispensable invertir tiempo, si queremos conocer al poder de la sangre.

Aun invertir tiempo no es suficiente, a menos que esto involucre también un verdadero sacrificio. La sangre sacrificial también significó el ofrecimiento de una vida. El israelita no podría obtener perdón por sus pecados mediante la sangre a menos de que la vida de algo que le perteneciera fuese ofrecida en sacrificio. El Señor Jesús no ofreció su propia vida y derramó su sangre para exentarnos del sacrificio de nuestras propias vidas. No, por supuesto que no, más bien, Él hizo esto para que deseáramos el sacrificio de nuestras vidas y que éste fuese posible.

El valor escondido de su sangre es el espíritu del sacrificio personal; cada vez que esa sangre toca el corazón, ésta opera en éste para impulsarle al mismo sacrificio (el de Jesús[6]). Aprendemos a darnos a nosotros mismos, y a dar nuestras vidas para atraer a nosotros al poder de esta nueva vida, este poder que la sangre de Cristo ha provisto para nosotros.

Indispensable es dar suficiente tiempo a las cosas de Dios en su Palabra para familiarizarnos con ellas. Habremos de separarnos del pecado, de la forma de pensar mundana y de la voluntad propia a fin de que el poder de la sangre no tenga impedimento, ya que ésta busca remover estas cosas.

Sometamos nuestras vidas a Dios en oración y fe, de manera que no pensemos de nuestras propias vidas o de nuestros propios

---

[6] Se refiere a que cuando nos saturamos de la sangre de Jesús (espiritualmente), esto nos impulsa a estar dispuestos aun a sufrir lo que Cristo mismo sufrió.

pensamientos como cosas valiosas, sino como poseedores de nada excepto de lo que Él nos da. Entonces Él nos revelará la vida gloriosa y bendita que nos ha preparado mediante la sangre de Jesús.

Podemos confiar que el Señor Jesús nos revelará el poder de su sangre

Cuando ponemos nuestra confianza en Jesús, la bendición procedente de su sangre se vuelve nuestra. Jamás debemos separar la sangre del Sumo Sacerdote quien la derramó y vive para aplicarla.

Aquel que una vez derramo su sangre por nosotros está dispuesto a impartirnos todo su potencial. Así es que confíe en que Él lo hará. Confíe en que Él le abrirá los ojos y le dará una percepción espiritual más profunda. Confíe en que Él le enseñará respecto al tema de la sangre tal y como Dios lo piensa. Confíe en que Él le impartirá esto y hará efectivo en usted todo lo que Él le permita ver.

Pero, sobre todo, confíe en el poder de su sacerdocio eterno, que Él trabajará intensamente para traer a usted todos los méritos de su sangre; de manera que su vida entera pueda habitar sin interrupciones en el santuario de su presencia.

Creyente, usted quien ha venido al conocimiento de la sangre preciosa, escuche la invitación del Señor: «Acércate». Permita que Él le enseñe, que le bendiga. Permita que Jesús haga que su sangre se convierta en espíritu, vida, poder y verdad para usted. Comience hoy mismo, abra su alma en fe, y reciba en su totalidad los efectos poderosos y celestiales de la sangre preciosa; de una manera tan gloriosa como nunca antes. Él hará posible esto en su vida.

CAPÍTULO 2

Redención por la sangre

Sabiendo que fuisteis rescatados de vuestra vana manera de vivir, la cual recibisteis de vuestros padres, no con cosas corruptibles, como oro o plata, sino con la sangre preciosa de Cristo, como de un cordero sin mancha y sin contaminación —1 Pedro 1:18-19

El derramamiento de su sangre fue la culminación de los sufrimientos de nuestro Señor, y la efectividad expiatoria de tales sufrimientos está precisamente en ese derramamiento de sangre. Por lo tanto, el creyente no debería estar satisfecho como la mera aceptación de la bendita verdad que el/ella es redimido por su sangre, sino que debería ir más allá, para tener un conocimiento completo respecto a lo que esta declaración significa: qué es lo que esta sangre tiene la intención de hacer en el alma que se somete al Señor.

Los efectos de la sangre de Jesús —de acuerdo a las Escrituras— son múltiples:
- *Reconciliación* mediante la sangre.
- *Purificación* mediante la sangre.
- *Santificación* mediante la sangre.
- *Unión con Dios* mediante la sangre.
- *Victoria sobre satanás* mediante la sangre.
- *Vida* mediante la sangre.

Estas son bendiciones separadas, pero están incluidas en una sola frase: «Redención por la sangre». Únicamente cuando el creyente entiende estas bendiciones y se entera de cómo es que puede apropiarse de ellas es que experimentará el poder total de la redención.

Antes de considerar los detalles de estas bendiciones, examinemos en forma general el poder de la sangre de Jesús.

1.- ¿Dónde es que reside el poder de esta sangre?

2.- ¿Qué es lo que ese poder ha logrado hacer?

3.- ¿Cómo podemos experimentar sus efectos?

¿DÓNDE ES QUE RESIDE EL PODER DE LA SANGRE?

En otras palabras, ¿Qué es lo que hace que la sangre de Jesús tenga tal poder? ¿Cómo es posible que exista tal poder en la sangre que no existe en nada más?

La respuesta a estas preguntas se encuentra en Levítico: «*Porque la vida de la carne en la sangre está, y yo os la he dado para hacer expiación sobre el altar por vuestras almas; y la misma sangre hará expiación de la persona*» (Levítico 17:11). La sangre —que es ofrecida a Dios sobre el altar— tiene poder redentor debido a que el *alma*, o la *vida* está *en ella*.

El alma o la vida está en la sangre; por lo tanto, el valor de la sangre corresponde al valor de la vida que está en ella. La vida de una oveja o de una cabra es de menor valor que la vida de un buey, así es que la sangre de una oveja o de una cabra en una ofrenda es de menor valor que la sangre de un buey (Levítico 4).

La vida del hombre tiene mayor valor que la de muchas ovejas o muchos bueyes. Ahora bien, ¿quién puede determinar el valor o el poder de la sangre de Jesús? En esa sangre reside el alma del santo Hijo de Dios. La vida eterna de la Divinidad fue llevada en la sangre, tal y como lo podemos ver en el consejo de Pablo a los Efesios: «*Por tanto, mirad por vosotros, y por todo el rebaño en que el Espíritu Santo os ha puesto por obispos, para apacentar la iglesia del Señor, la cual él ganó por su propia sangre*» (Hechos 20:28).

El poder de esa sangre en sus efectos variados no es nada menos que el poder eterno de Dios mismo. ¡Qué glorioso pensamiento es este para todo aquel que desea experimentar en su plenitud el poder de la sangre!

Sin embargo, el poder de la sangre radica, sobre todo, en el hecho de que fue ofrecida a Dios sobre el altar para redención. Cuando pensamos en sangre derramada, pensamos en la muerte; ya que la muerte es lo que sigue al derramamiento de la sangre o del alma. La muerte nos hace pensar en términos de pecado, puesto que la muerte es el castigo por el pecado. «*Porque la paga del pecado es muerte, mas la dádiva de Dios es vida eterna en Cristo Jesús Señor nuestro*» (Romanos 6:23). Dios dio a Israel la sangre sobre el altar como la forma de expiar o cubrir el pecado; esto significa que los pecados del trasgresor eran puestos sobre la víctima, y la muerte de esta víctima era considerada como la muerte o castigo debido a los pecados que fueron puestos sobre ésta.

> *«Habla a Aarón y a sus hijos, y diles: Esta es la ley del sacrificio expiatorio; en el lugar donde se degüella el holocausto, será degollada la ofrenda por el pecado delante de Jehová; es cosa santísima»* (Levítico 6:25).

La sangre era así la vida dada por la muerte para la satisfacción de la ley de Dios y en obediencia a su mandato. El pecado era así cubierto enteramente y expiado, de manera que no era reconocido como pecado por el trasgresor: éste era perdonado.

No obstante, estos sacrificios y ofrendas eran tan sólo tipos y sombras hasta que viniera el Señor Jesús. Su sangre era la realidad a la que estas cosas apuntaban. *«Al que no conoció pecado, por nosotros lo hizo pecado, para que nosotros fuésemos hechos justicia de Dios en él»* (2 Corintios 5:21).

Su sangre era en sí misma de un valor infinito, porque ésta llevaba el alma o la vida del Hijo de Dios. Pero la virtud expiatoria de su sangre es también infinita, debido a la manera en que fue derramada. En obediencia santa a la voluntad del Padre, Él se sujetó a sí mismo a la pena que corresponde al quebrantamiento de la ley al derramar su alma hasta la muerte. Por esa muerte, no sólo la pena fue pagada, sino que la ley fue también satisfecha y el Padre glorificado. Su sangre expió el pecado y lo dejó sin efecto. Su sangre tiene un maravilloso poder para remover el pecado y para abrir el cielo al pecador. Le limpia, santifica y le hace apto para entrar al cielo.

¿Por qué la sangre de Jesús tiene un poder tan maravilloso? Porque Jesús fue la maravillosa Persona cuya sangre fue derramada y debido a la maravillosa manera en que ésta fue derramada. Ésta cumplió la ley de Dios y satisfizo su justa demanda. Es la sangre de la expiación, por lo tanto, es suficiente para redimir y cumplir con todo lo necesario para lograr la salvación del pecador.

¿Qué fue lo que ese poder logró?

A medida que vemos las maravillas de lo que este poder ha logrado, nos vemos entusiasmados a creer que puede hacer lo mismo por nosotros. Podemos ver mejor esto en los ejemplos de las Escrituras de las grandes cosas que han tenido lugar mediante la sangre de Jesús.

La sangre de Jesús ha abierto la tumba

Leemos en el libro de Hebreos: «*Y el Dios de paz que resucitó de los muertos a nuestro Señor Jesucristo, el gran pastor de las ovejas, por* [mediante] *la sangre del pacto eterno*» (Hebreos 13:20).

Fue mediante la excelencia de la sangre que Dios levantó a Jesús de la tumba. El poder ilimitado de Dios no se ejerció sino mediante la sangre.

Él vino a esta tierra como la garantía de uno que llevara el pecado de la humanidad. Así, mediante el derramamiento de su sangre, por esto solamente, Él tuvo el derecho, como humano, de levantarse y obtener vida eterna mediante la resurrección. Su sangre satisfizo la ley y la justicia de Dios. Al dar su componente vital (su sangre), Él ha vencido el poder del pecado y lo redujo a nada. «*Ya que el aguijón de la muerte es el pecado, y el poder del pecado, la ley*» (1 Corintios 15:56).

Así que la muerte fue derrotada, ya que su aguijón fue quitado, y el diablo —quien tenía el poder de la muerte— fue también derrotado, perdiendo todo derecho sobre Jesús y sobre nosotros.

«*Así que, por cuanto los hijos participaron de carne y sangre, él también participó de lo mismo, para destruir por medio de la muerte al que tenía el imperio de la muerte, esto es, al diablo»* (Hebreos 2:14).

Su sangre ha destruido el poder de la muerte, al diablo y al infierno: «*pero que ahora ha sido manifestada* [el propósito y la gracia de Dios] *por la aparición de nuestro Salvador Jesucristo, el cual quitó la muerte y sacó a luz la vida y la inmortalidad por el evangelio»* (2 Timoteo 1:10).

La sangre de Jesús ha abierto el sepulcro y quien cree esto percibirá la conexión tan cercana que existe entre la sangre y el poder omnipotente de Dios. Sólo a través de la sangre es que Dios ejerce su omnipotencia al tratar con el hombre pecador. El poder de Dios trae resurrección y ésta da entrada a la vida eterna, pero este poder actúa sólo donde la sangre de Cristo es aplicada. Su sangre ha dado como resultado un punto final al poder de la muerte y al infierno; los efectos de la sangre superan todo pensamiento humano.

<u>*La sangre de Jesús ha abierto el cielo*</u>

Leemos de Cristo en Hebreos 9:12 que «*por su propia sangre, entró una vez para siempre en el Lugar Santísimo, habiendo obtenido eterna redención»*.

Sabemos que en el tabernáculo del Antiguo Testamento la presencia de Dios estaba tras el velo. Ningún poder humano podía remover ese velo, y el sumo sacerdote, él sólo, podría entrar, pero no sin sangre, o de otro modo él perdería su vida.

«*Y habitaré entre los hijos de Israel, y seré su Dios. Y conocerán que yo soy Jehová su Dios, que los saqué de la tierra de Egipto, para habitar en medio de ellos. Yo Jehová su Dios»* (Éxodo 29:45-46).

> *«Y Jehová dijo a Moisés: Di a Aarón tu hermano, que no en todo tiempo entre en el santuario detrás del velo, delante del propiciatorio que está sobre el arca, para que no muera; porque yo apareceré en la nube sobre el propiciatorio. Con esto entrará Aarón en el santuario: con un becerro para expiación, y un carnero para holocausto»* (Levítico 16:2-3).

Aquel fue un escenario del poder del pecado en la carne, el cual nos separaba de Dios. La justicia eterna de Dios resguardaba la entrada del Lugar Santísimo, de manera que ninguno en la carne podría acercarse a Él.

Pero ahora nuestro Señor aparece no en el templo físico, sino en el verdadero templo. Como Sumo Sacerdote y representante de su pueblo, Jesús pide la entrada al Lugar Santísimo a favor de los pecaminosos hijos de Adán. Pidió que estuvieran con Él, pues dijo, *donde yo estoy* (Juan 17:24). Él pidió para los que creyeran en Él que el cielo fuera abierto, para cada uno de ellos, aun para el mayor de los pecadores. Su petición le fue otorgada. ¿Pero cómo esto es posible? Mediante su sangre. Él entró a través de su propia sangre. La sangre de Jesús nos ha abierto las puertas del cielo.

> *«Porque no entró Cristo en el santuario hecho de mano, figura del verdadero, sino en el cielo mismo para presentarse ahora por nosotros ante Dios; y no para ofrecerse muchas veces, como entra el sumo sacerdote en el Lugar Santísimo cada año con sangre ajena. De otra manera le hubiera sido necesario padecer muchas veces desde el principio del mundo; pero ahora, en la consumación de los siglos, se presentó una vez para*

siempre por el sacrificio de sí mismo para quitar de en medio el pecado» (Hebreos 9:24-26).

Así es que, mediante la sangre, el trono de gracia permanece establecido en el cielo. En medio del cielo, y en el sitio más cercano a Dios (el Juez de todos) y a Jesús (el Mediador), el Espíritu Santo da un prominente lugar a la sangre rociada.

«Sino que os habéis acercado al monte de Sion, a la ciudad del Dios vivo, Jerusalén la celestial, a la compañía de muchos millares de ángeles, a la congregación de los primogénitos que están inscritos en los cielos, a Dios el Juez de todos, a los espíritus de los justos hechos perfectos, a Jesús el Mediador del nuevo pacto, y a la sangre rociada que habla mejor que la de Abel» (Hebreos 12:22-24).

Es la constante mención de esa sangre que mantiene el cielo abierto para los pecadores y envía corrientes de bendición a la tierra. Es mediante esa sangre que Jesús, como Mediador, continúa su labor como abogado sin cesar. El trono de gracia debe su existencia al poder de esa sangre, y nosotros podemos ahora acercarnos *confiadamente al trono de la gracia, para alcanzar misericordia y hallar gracia para el oportuno socorro* (Hebreos 4:16).

¡Oh, el poder de la sangre de Cristo! Así como ha abierto las puertas de la tumba y del infierno, también ha abierto las puertas del cielo para nosotros, y podemos entrar mediante Jesús. La sangre tiene poder ilimitado sobre el reino de las tinieblas y el infierno abajo y sobre el reino de los cielos y su gloria arriba.

<u>La sangre de Jesús es Todopoderosa en el corazón humano</u>

Ya que la sangre sirve tan poderosa delante de Dios y sobre satanás, ¿no satisfará aún más poderosamente al ser humano por el bien de quien en realidad fue derramada? Podemos estar seguros de ello.

El maravilloso poder de la sangre es especialmente demostrado a favor de los pecadores en la tierra. Este es el énfasis que vemos en la primera carta de Pedro:

«Sabiendo que fuisteis rescatados de vuestra vana manera de vivir, la cual recibisteis de vuestros padres, no con cosas corruptibles, como oro o plata, sino con la sangre preciosa de Cristo, como de un cordero sin mancha y sin contaminación» (1 Pedro 1:18-19).

La palabra rescatado (literalmente redimido) tiene un significado profundo. Indica particularmente liberación de la esclavitud mediante emancipación o compra. El pecador que antes había estado esclavizado bajo el poder hostil de satanás, la maldición de la ley, y del pecado; ahora se proclama como rescatado mediante la sangre, la cual ha pagado la deuda de culpa y destruido el poder de satanás, de la maldición y del pecado.

Cada vez que esta proclamación es oída y recibida, la redención se opera, y produce verdadera liberación de una manera vana de vivir, es decir, de una vida de pecado. La palabra redención o rescate incluye todo lo que Dios hace por el pecador, comenzando con el perdón de pecados y el otorgamiento del Espíritu Santo, el cual *es las arras de nuestra herencia hasta la redención de la posesión adquirida, para alabanza de su gloria* (Efesios 1:14). Esta redención continúa hasta la total liberación del cuerpo mediante la resurrección:

«Porque somos sepultados juntamente con él para muerte por el bautismo, a fin de que como Cristo resucitó de los muertos para la gloria del Padre, así también nosotros

andemos en vida nueva. Porque si fuimos plantados juntamente con él en la semejanza de su muerte, así también lo seremos en la de su resurrección; sabiendo esto, que nuestro viejo hombre fue crucificado juntamente con él, para que el cuerpo del pecado sea destruido, a fin de que no sirvamos más al pecado» (Romanos 6:4-6).

Aquellos a quienes Pedro escribió fueron los *elegidos... para obedecer y ser rociados con la sangre de Jesucristo* (1 Pedro 1:2). Fue la proclamación acerca de la sangre preciosa que había tocado sus corazones y les había traído al arrepentimiento, despertado la fe en ellos y llenado sus almas de vida y gozo. Cada creyente es una ilustración del maravilloso poder de la sangre.

Luego, cuando Pedro los exhorta a la santidad, él apela de nuevo a la sangre preciosa. «*Sino, como aquel que os llamó es santo, sed también vosotros santos en toda vuestra manera de vivir; porque escrito está: Sed santos, porque yo soy santo*» (1 Pedro 1:15-16). Sobre eso el fijaría sus ojos.

Para el judío en su justicia propia y su odio a Cristo, y para los paganos en su piedad, había sólo un medio de liberación del poder del pecado. Es todavía el mismo poder el que logra la liberación diaria para los pecadores. ¿Cómo podría ser de otra manera? La sangre que ha sido todopoderosa en el cielo (y sobre el infierno), es también todopoderosa en el corazón de un pecador. Es imposible para nosotros pensar demasiado alto o esperar demasiado del poder de la sangre de Jesús.

¿CÓMO PODEMOS EXPERIMENTAR SUS EFECTOS?

Esta es nuestra tercera pregunta. ¿En qué condiciones y bajo qué circunstancias puede ese poder asegurar los grandiosos resultados que pretende producir en nosotros?

La primera respuesta es la misma que en cualquier otra parte del reino de Dios: mediante la fe. Pero la fe depende en gran medida del conocimiento. Si el conocimiento de lo que la sangre puede lograr es imperfecto, la fe que se espera es poca, y los más poderosos efectos de la sangre son imposibles. Muchos cristianos piensan que, si han recibido la seguridad del perdón de sus pecados mediante la fe en la sangre, tienen suficiente conocimiento de su capacidad. No obstante, ellos no tienen idea de que las palabras de Dios, como Dios mismo, son inagotables; por tanto, voluntariamente se privan de una riqueza de significado y bendición que sobrepasa a todo entendimiento.

Asimismo, ellos olvidan, que cuando el Espíritu Santo habla de limpieza mediante la sangre, tales palabras son tan sólo una expresión humana imperfecta de los efectos y experiencias que la sangre, en una gloriosa e inefable manera, revela su poder celestial dador de vida al alma[7]. Cuando tenemos una débil concepción de su poder, esto se convierte en un obstáculo que impide las más profundas y perfectas demostraciones de sus efectos.

Mientras buscamos descubrir lo que las Escrituras nos enseñan en relación a la sangre, veremos que la fe en la sangre puede producir más grandes resultados en nosotros que los que nunca imaginamos, y de aquí en adelante una sucesión interminable de bendiciones puede alcanzarnos.

Nuestra fe puede ser fortalecida al darnos cuenta de lo que la sangre ha logrado ya. El cielo y el infierno son testigos de ello. La fe

---

[7] Y esto se refiere a que el Espíritu Santo nos habla en un lenguaje humano, pero que no sabemos todo el alcance de lo que Él quiere decirnos en su totalidad.

crecerá al ejercitar confianza en lo superabundante de las promesas de Dios. Esperemos de todo corazón que, al entrar más profundamente en la fuente, su poder detonante, vivificante y dador de vida sea revelado con mayor bendición que nunca.

Sabemos que entre más contacto tengamos con el agua, mayores serán sus efectos de limpieza. La sangre de Jesús es descrita como un *manantial abierto... para la purificación del pecado y de la inmundicia* (Zacarías 13:1). Por el poder del Espíritu Santo ésta corre a través del templo celestial. «*Del río sus corrientes alegran la ciudad de Dios, El santuario de las moradas del Altísimo. Dios está en medio de ella; no será conmovida. Dios la ayudará al clarear la mañana*» (Salmos 46:4-5). Por la fe me coloco a mí mismo en contacto más estrecho con esta corriente celestial; me rindo a ella; me dejo cubrir con ella y que ésta vaya a través de mí. Me baño en la fuente. No puede retener su poder purificante y robustecedor. Debo, en una fe simple, alejarme de lo que veo para sumergirme en esa fuente espiritual que representa la sangre del Salvador, con la seguridad de que ésta manifestará su poder bendito en mí.

Tal y como un niño, perseveremos en una fe expectante, con nuestras almas abiertas para una experiencia cada vez mayor del maravilloso poder de la sangre.

Pero hay una segunda respuesta a esta pregunta, algo que también se necesita para que la sangre manifieste su poder. Las Escrituras conectan la sangre más estrechamente con el Espíritu. La sangre puede demostrar su poder únicamente donde el Espíritu opera.

El Espíritu y la sangre

Leemos en 1 Juan: «*Y tres son los que dan testimonio en la tierra: el Espíritu, el agua y la sangre; y estos tres concuerdan*» (1

Juan 5:8). El agua se refiere al bautismo para arrepentimiento y el abandono del pecado. La sangre atestigua para redención en Cristo. El Espíritu es quien suple el poder para el agua y la sangre.

El Espíritu y la sangre están también asociadas en Hebreos donde leemos: «*Cuánto más la sangre de Cristo, el cual mediante el Espíritu eterno se ofreció a sí mismo sin mancha a Dios, limpiará vuestras conciencias de obras muertas para que sirváis al Dios vivo?*» Fue mediante el Espíritu eterno de nuestro Señor que su sangre tuvo su valor y poder.

Es siempre mediante el Espíritu que la sangre posee su poder vivo en el cielo y en el corazón de los hombres. La sangre y el Espíritu siempre dan testimonio juntos. Donde la sangre es honrada en fe o es predicada, el Espíritu trabaja; y donde Él trabaja, Él siempre guía las almas a la sangre. El Espíritu no podía ser dado antes de que la sangre fuera derramada. El vínculo vivo entre el Espíritu y la sangre no puede ser roto.

Debe notarse que si queremos que el poder completo de la sangre se manifieste necesitamos colocarnos bajo la enseñanza del Espíritu. «*Mas el Consolador, el Espíritu Santo, a quien el Padre enviará en mi nombre, él os enseñará todas las cosas, y os recordará todo lo que os he dicho*» (Juan 14:26).

Necesitamos creer firmemente que Él está en nosotros y que Él lleva a cabo su trabajo en nosotros. Jesús oró: «*Para que sean uno, así como nosotros somos uno. Yo en ellos, y tú en mí, para que sean perfectos en unidad, para que el mundo conozca que tú me enviaste, y que los has amado a ellos como también a mí me has amado*» (Juan 17:22-23).

Es necesario que vivamos como aquellos que saben que el Espíritu de Dios habita dentro de ellos como una semilla de vida, y Él perfeccionará los escondidos y poderosos efectos de la sangre.

> «*Pero si Cristo está en vosotros, el cuerpo en verdad está muerto a causa del pecado, mas el espíritu vive a causa de la justicia. Y si el Espíritu de aquel que levantó de los muertos a Jesús mora en vosotros, el que levantó de los muertos a Cristo Jesús vivificará también vuestros cuerpos mortales por su Espíritu que mora en vosotros. Porque todos los que son guiados por el Espíritu de Dios, éstos son hijos de Dios*» (Romanos 8:1-11, 14).

Debemos dejar que Él nos guíe. A través del Espíritu la sangre limpia, santifica y nos une a Dios.

Cuando el Apóstol quiso resaltar ante los creyentes el llamado de Dios a la santidad, *sed santos como yo soy santo*, les recordó que ellos habían sido redimidos con la preciosa sangre de Cristo.

Un conocimiento necesario

El pueblo necesita saber que han sido redimidos, y lo que esta redención significa, pero sobre todo, necesitan saber que no fue *con cosas corruptibles, como oro o plata,* cosas en las cuales no hay poder de vida, *sino con la sangre preciosa de Cristo* (1 Pedro 1:18-19).

A fin de tener una percepción de lo precioso que esa sangre fue (como el poder que logró una redención perfecta)– habría que pensar en el poder de una vida nueva y santa.

Amados cristianos, esta declaración también aplica a nosotros. Necesitamos *saber* que hemos sido redimidos por la sangre preciosa. Debemos saber respecto a la redención y a la sangre, antes de poder experimentar su poder.

Experimentaremos más en plenitud las bendiciones y beneficios de Dios en proporción a cómo entendemos a plenitud también lo que son la redención y el poder y lo precioso de la sangre, por la cual asimismo esta redención pudo ser posible.

Sometamos nuestras vidas al Espíritu Santo para que Él nos guíe a un conocimiento más profundo de la redención mediante la sangre.

Necesidad y deseo

Aquí se necesitan dos cosas: en primer lugar, un sentido más profundo de necesidad y un deseo más intenso para entender mejor la sangre. La sangre fue derramada para quitar el pecado. El poder de la sangre redujo a nada el poder del pecado.

Sin embargo, con facilidad podríamos estar demasiado satisfechos con los primeros frutos de la liberación del pecado, que lo que queda de ese pecado en nosotros podría volverse insoportable.

Podríamos contentarnos con la idea de que nosotros, aun estando redimidos, no podemos evitar pecar contra la voluntad de Dios.

¡Oh, pero que el deseo por la santidad se convierta en algo poderoso en nosotros! ¿No debería el simple pensamiento de que la sangre tiene más poder del que le hemos reconocido y que podemos hacer mayores cosas de las que hemos hecho provocar en nuestros corazones un deseo ferviente por la santidad? Si hubiere más deseo por liberación del pecado, por la santidad y por tener una amistad íntima con el santo Dios que tenemos, esto sería el primer paso (y algo indispensable) para ser guiados a un mayor conocimiento de lo que la sangre puede hacer.

Expectativa

La segunda cosa será una consecuencia. El deseo debe convertirse en una expectativa. Mientras escudriñamos la Palabra con fe para discernir lo que la sangre ha logrado, debemos también pugnar porque ésta demuestre su pleno poder en nosotros. Ningún sentido de indignidad, ignorancia o impotencia debería de ser causa de duda. La sangre trabaja en el alma rendida con un poder incesante de vida.

Así que, sométase a Dios Espíritu Santo. Fije los ojos de su corazón en la sangre. Abra todo su ser interno a su poder. La sangre en la cual el trono de gracia en el cielo se encuentra puede hacer de su corazón el templo y trono de Dios.

Encuentre su abrigo bajo el rocío de la sangre y pida al Cordero de Dios mismo que haga su sangre efectiva en usted. De esta manara seguramente descubrirá que no existe nada que se compare con el poder milagroso de la sangre de Jesús.

CAPÍTULO 3

Reconciliación mediante la sangre

Siendo justificados gratuitamente por su gracia, mediante la redención que es en Cristo Jesús, a quien Dios puso como propiciación por medio de la fe en su sangre, para manifestar su justicia, a causa de haber pasado por alto, en su paciencia, los pecados pasados —Romanos 3:24-25

Como lo hemos venido viendo, existen varias y distintas bendiciones que han sido adquiridas para nosotros mediante el poder de la sangre de Jesús, las cuales están todas incluidas en la palabra *redención*. De entre estas bendiciones, la reconciliación toma el primer lugar[8]. *Dios se propuso en lograr la*

---

[8] Por reconciliación entendemos la restauración de la comunión o armonía entre dos partes antes enemistadas.

reconciliación por medio de la fe en su sangre. En el trabajo de redención de nuestro Señor, la reconciliación toma el primer lugar en forma natural. Así también se presenta en primera instancia entre las necesidades que tiene el pecador, pues éste desea tener parte en la redención. Mediante la reconciliación, es posible participar en las otras bendiciones de la redención.

Es de gran importancia también que el creyente que ha sido reconciliado obtenga un entendimiento más profundo de su significado y dicha. Si el poder de la sangre en la redención es enraizado en la reconciliación, entonces en la medida que exista un conocimiento más completo de la reconciliación así también podrá experimentarse más el poder de la sangre.

El corazón que está sometido a la enseñanza del Espíritu Santo seguramente aprenderá lo que la reconciliación significa. ¡Oh, que nuestros corazones estén abiertos para recibirla! A fin de entender lo que la reconciliación por la sangre significa, consideremos los siguientes puntos:

1.- El pecado hizo la reconciliación algo necesario.
2.- La santidad de Dios predestinó la reconciliación.
3.- La sangre de Jesús obtuvo la reconciliación.
4.- La reconciliación dio como resultado el perdón.

El pecado hizo la reconciliación algo necesario

En todo el trabajo de Cristo, y sobre todo en la reconciliación, el objetivo de Dios es la remoción y destrucción del pecado. El conocimiento del pecado es necesario para el conocimiento de la reconciliación.

Necesitamos entender lo que hay en el pecado que hace necesaria la reconciliación (o la reparación) y cómo la reconciliación derrota el pecado y lo vuelve impotente. Entonces la fe tendrá algo a lo qué aferrarse, y la experiencia de esa bendición será posible. El pecado ha tenido un efecto dual. Tiene un efecto sobre Dios, pero también tiene un efecto sobre el hombre. Sin embargo, el efecto que ha ejercido sobre Dios es más terrible y serio. Debido a su efecto en Dios es que el pecado tiene poder sobre nosotros. Dios, como el Señor de todo, no podría pasar por alto el pecado. Su ley inalterable declara que el pecado produce dolor y muerte. Cuando el hombre cae en pecado, por ley (la de Dios), él era traído bajo el poder del pecado. Así, la ley de Dios requería que la redención comenzara, porque si el pecado se deja sin poder contra Dios, y la ley de Dios no le da autoridad sobre nosotros, entonces su poder es destruido. El conocimiento de que el pecado es mudo delante de Dios nos asegura que éste no tiene ya autoridad sobre nosotros.

¿Cuál entonces fue el efecto del pecado sobre Dios? En su naturaleza divina, Él permanece intacto e inmutable; sin embargo, en su relación y aceptación del hombre, un cambio total tuvo lugar. El pecado es desobediencia, un desprecio de la autoridad de Dios; éste busca robarle a Dios su honor como Dios y Señor. El pecado es una oposición determinada en contra de un Dios santo, quien no sólo puede, sino que habrá de despertar su ira.

Mientras que fue el deseo de Dios continuar en amor y amistad con el hombre, el pecado lo obliga a convertirse en un oponente. Mientras que el amor de Dios permanece intacto, el pecado hace que para Dios sea imposible tener comunión con el pecador. El pecado le obliga a derramar sobre el hombre su ira y castigo en lugar de su amor. El cambio que el pecado causó en la relación de Dios con el hombre es horrible. Sin embargo, Dios se propuso en lograr la reconciliación por medio de la fe en su sangre, *para manifestar su justicia, a causa de haber pasado por alto, en su paciencia, los pecados pasados* (Romanos 3:25).

El hombre es culpable delante de Dios. Ser culpable implica una deuda. Sabemos lo que es una deuda. Es algo que una persona demanda de otra, una reclamación que debe ser atendida y resuelta.

Cuando se comete un pecado, sus secuelas pueden o no notarse, pero su culpa siempre sigue estando ahí. El pecador es culpable. Dios no puede ignorar su propia demanda: que el pecado debe ser castigado; su gloria, la cual ha sido deshonrada, debe ser defendida. En tanto la deuda no es pagada o la culpa abolida, es imposible para un Dios santo admitir al pecador en su presencia.

Frecuentemente pensamos que la gran pregunta para nosotros es cómo podemos ser liberados del poder del pecado que habita en nosotros; sin embargo, esta es una pregunta de menor importancia comparada a esta otra: ¿cómo podemos ser liberados de la culpa apilada delante de Dios? ¿Puede la culpabilidad del pecado ser removida? ¿Pueden ser removidos los efectos del pecado sobre Dios, los cuales despiertan su ira? ¿Puede el pecado ser borrado delante de Dios? Si estas cosas pueden ser una realidad, el poder del pecado será quebrado en nosotros; y es solamente mediante la reconciliación que la culpa por el pecado puede ser removida.

La palabra traducida como *reconciliación* realmente significa «cubrir». Aun los paganos tenían un entendimiento de esto. Sin embargo, en Israel, Dios reveló una reconciliación que no sólo podría cubrir sino remover la culpa del pecado, de manera que la relación original entre Dios y el hombre pudiera ser enteramente restaurada. Esto es lo que una verdadera reconciliación debe hacer.

Debe remover la culpa del pecado, el efecto del pecado sobre Dios, de manera que el hombre felizmente pueda acercarse a Dios con la seguridad de que no existe ni la más mínima culpa que le separe de Dios.

La santidad de Dios predestinada en la reconciliación

Si queremos entender la palabra reconciliación correctamente forzosamente la santidad de Dios debe estar envuelta. Su perfección infinita y gloriosa siempre lo guía a desear lo que es bueno para otros, tanto como para sí mismo. Él aplica y opera en todo el ámbito del bien, y odia y condena todo lo que se opone a ese bien.

En su santidad, tanto el amor como la ira de Dios están unidos: su amor, que hace que se dé a sí mismo; y su ira, que echa fuera y consume lo malo de acuerdo a la ley divina de justicia.

Siendo Dios el Santo, Él instituyó la reconciliación en Israel y asumió su morada en el propiciatorio. Y siendo el Santo de los santos, y en la perspectiva de los tiempos venideros (los del Nuevo Testamento), frecuentemente decía: Yo soy *Redentor tuyo, el Santo de Israel* (Isaías 48:17).

Puesto que Él es el Santo, Dios prefijó su ley de reconciliación en Cristo. Lo maravilloso de esta ley es que tanto el amor santo como la ira santa de Dios encuentran satisfacción en ella. Aparentemente estas dos cosas parecían estar en un conflicto irreconciliable. El santo amor no estaba dispuesto a dejar ir al hombre. «*No en que nosotros hayamos amado a Dios, sino en que él nos amó a nosotros, y envió a su Hijo en propiciación por nuestros pecados*» (1 Juan 4:10). A pesar de su pecado, el santo amor no podía darse por vencido y el hombre tenía que ser redimido. La ira santa no podía someter sus demandas.

La ley había sido pisoteada; Dios había sido deshonrado. La justicia de Dios tenía que ser respetada. El pecador no podía liberarse hasta que la ley no fuera satisfecha. Los terribles efectos del pecado en el cielo sobre Dios tenían que ser subsanados; la culpa por el pecado tenía que ser removida. De otra manera, el pecador no podía ser liberado. La única solución posible era la reconciliación.

Hemos visto ya que la palabra *reconciliación* significa «cubrir». Esto significa que algo más había tomado el lugar donde el pecado estaba establecido, de manera que el pecado ya no fuera visto por Dios. Pero porque Dios es el Santo y sus ojos son como llama de fuego, lo que fuera que cubriera el pecado tenía que ser de tal naturaleza que contrarrestara el mal que el pecado había hecho. Tenía que borrar el pecado para que fuera realmente destruido y no pudiera ser visto.

La reconciliación por el pecado puede tomar lugar sólo mediante la satisfacción[9]. La satisfacción se traduce en la reconciliación, y esta se origina mediante un substituto. De esta manera el pecado puede ser castigado, y el pecador salvado. La santidad de Dios también sería glorificada, y sus demandas cumplidas, tanto en cuanto a la demanda de Dios de amor en la redención del pecador, como en la demanda de justicia (en la manifestación de la gloria de Dios y de su ley).

Sabemos como esto fue cumplido en las leyes del Antiguo Testamento respecto a las ofrendas. «*Y el sacerdote hará expiación*

---

[9] Se refiere a la satisfacción tanto de la ley de Dios como del amor de Dios. La ley exige que el pecado sea castigado con la muerte y el amor no quiere condenar al hombre.

por él delante de Jehová, y obtendrá perdón de cualquiera de todas las cosas en que suele ofender» (Levítico 6:7). Una bestia limpia tomó el lugar de un hombre culpable. Mediante la confesión, su pecado era colocado en la cabeza de la víctima, la cual llevaba el castigo entregando su vida a la muerte. Entonces la sangre, que representa una vida limpia que estuviese libre de culpa, puede ser traída delante de Dios; la sangre o la vida de la bestia había de llevar el castigo en lugar del pecador. Esa sangre hacía la reconciliación y cubría al pecador y a su pecado, porque había tomado el lugar del pecador.

Hubo reconciliación a través de la sangre, sin embargo, no era una realidad. «*Y ciertamente todo sacerdote está día tras día ministrando y ofreciendo muchas veces los mismos sacrificios, que nunca pueden quitar los pecados*» (Hebreos 10:11). La sangre de los becerros o de los machos cabríos nunca pueden quitar el pecado; esto sólo era una sombra o figura de la reconciliación real.

Se necesitaba una sangre de diversa índole para cubrir eficazmente la culpa.

«*Pero estando ya presente Cristo, sumo sacerdote de los bienes venideros, por el más amplio y más perfecto tabernáculo... y no por sangre de machos cabríos ni de becerros, sino por su propia sangre, entró una vez para siempre en el Lugar Santísimo, habiendo obtenido eterna redención*» (Hebreos 9:11-12).

De acuerdo a la ley del Dios Santo, nada menos que la sangre del propio Hijo de Dios podría conseguir la reconciliación. La justicia lo demandaba así; el amor lo ofreció.

«*Siendo justificados gratuitamente por su gracia, mediante la redención que es en Cristo Jesús, a quien*

Dios puso como propiciación por medio de la fe en su sangre, para manifestar su justicia, a causa de haber pasado por alto, en su paciencia, los pecados pasados» (Romanos 3:24-25).

La sangre de Jesús obtuvo la reconciliación

La reconciliación debía ser la satisfacción de las demandas de la santa ley de Dios. El Señor Jesús logró esto mediante una obediencia perfecta y voluntaria, Él cumplió la ley bajo la cual Él se había colocado a sí mismo. En el mismo espíritu de una completa rendición a la voluntad del Padre, Él llevó la maldición, la cual la ley había pronunciado en contra del pecado. *«Quien llevó él mismo nuestros pecados en su cuerpo sobre el madero, para que nosotros, estando muertos a los pecados, vivamos a la justicia; y por cuya herida fuisteis sanados»* (1 Pedro 2:24). Él sometió —en la máxima medida de obediencia o castigo— todo lo que la ley de Dios podría haber pedido o deseado. La ley fue por Él perfectamente satisfecha.

Sin embargo, ¿cómo puede ser su cumplimiento de las demandas de la ley ser la reconciliación por los pecados de otros? Porque tanto en la creación, como en el pacto de gracia que el Padre había hecho con su Hijo, fue reconocido como la cabeza de la humanidad[10]. Debido a esto, Él fue capaz de convertirse en el segundo Adán al encarnarse. *«Al que no conoció pecado, por nosotros lo hizo pecado, para que nosotros fuésemos hechos justicia de Dios en él»* (2 Corintios 5:21).

---

[10] Ya que Cristo, como dice Apocalipsis 13:8, fue inmolado o sacrificado desde el principio del mundo, es decir, antes que Adán y Eva pecaran. Esto habla de ese pacto de Dios con su Hijo al que Murray hace alusión aquí.

Cuando Él, la Palabra, se hizo carne, se colocó a sí mismo en un compañerismo real con nuestra carne, la cual estaba bajo el poder del pecado; Él asumió la responsabilidad por todo lo que el pecado había hecho en la carne en contra de Dios. Su obediencia y perfección no fueron meramente las de un hombre entre otros, sino las de Aquel que se puso a sí mismo en comunión con todos los demás hombres y que tomó el pecado de ellos sobre sí mismo.

Como cabeza de la humanidad mediante la creación y como su representante en el pacto, Jesús se convierte en su garantía. Él perfectamente satisfizo las demandas de la ley al derramar su sangre; esto fue la reconciliación, el recubrimiento de nuestro pecado.

Sobre todo, debemos no olvidar que Jesús se presenta como Dios, con el poder divino para unirse a sí mismo con sus creaturas y llevarlas consigo. Esto impartió en sus sufrimientos una virtud de santidad infinita y de poder, e hizo el mérito del derramamiento de su sangre más que suficiente para tratar con toda la culpa del pecado humano. Su sangre se convirtió en una reconciliación real, una cobertura perfecta del pecado, así, la santidad de Dios ya no ve el pecado. De hecho, este ha sido borrado.

La sangre de Jesús, el Hijo de Dios, ha adquirido una reconciliación real, perfecta y eterna. ¿Qué significa esto? Hemos hablado de los horribles efectos del pecado sobre Dios y el terrible cambio que tuvo lugar en el cielo a causa del pecado. En lugar de favor, amistad, bendición y la vida de Dios desde el cielo, el hombre no tenía nada que buscar ahí sino ira, muerte y condenación. El hombre podría pensar en Dios únicamente con miedo y terror, sin esperanza y sin amor. El pecado nunca cesó de reclamar venganza; la culpa había de tratarse en toda su extensión.

Pero la sangre de Jesús, el Hijo de Dios, ha sido derramada. La remisión del pecado ha sido hecha. La paz es restaurada. Un cambio ha tomado lugar una vez más, tan real y tan amplio como lo que el pecado ha traído. Para quienes han recibido la reconciliación, el pecado ha sido reducido a nada. La ira de Dios se ha vuelto y se ha escondido en las profundidades del amor divino.

La justicia de Dios ya no trae terror al hombre. Está escrito para *los que creemos en el que levantó de los muertos a Jesús, Señor nuestro, el cual fue entregado por nuestras transgresiones, y resucitado para nuestra justificación* (Romanos 4:24-25).

La justicia de Dios saluda amistosamente al ser humano y le ofrece una justificación completa. El rostro de Dios resplandece de placer y aprobación cuando el pecador arrepentido se acerca a Él y lo invita a una comunión íntima. Él abre un tesoro de bendición, y no hay ahora nada que pueda separarlo a él de Dios.

«Antes, en todas estas cosas somos más que vencedores por medio de aquel que nos amó. Por lo cual estoy seguro de que ni la muerte, ni la vida, ni ángeles, ni principados, ni potestades, ni lo presente, ni lo por venir, ni lo alto, ni lo profundo, ni ninguna otra cosa creada nos podrá separar del amor de Dios, que es en Cristo Jesús Señor nuestro» (Romanos 8:37-39).

La reconciliación mediante la sangre de Jesús ha cubierto los pecados del hombre; ellos no aparecen más delante de los ojos de Dios, no le es imputado ya ningún pecado. La reconciliación opera una perfecta y eterna redención.

¿Quién puede decir el valor de esa sangre preciosa? No es nada raro que por la eternidad se mencionará esa sangre en el cántico de los redimidos, y por todas las eternidades; en tanto existan los cielos, la alabanza de la sangre resonará: «*Porque tú fuiste inmolado, y con tu sangre nos has redimido para Dios, de todo linaje y lengua y pueblo y nación*» (Apocalipsis 5:9).

Pero aquí está la maravilla: que el redimido sobre la tierra no manifieste el mismo entusiasmo y que no abunde en alabanzas por la reconciliación que el poder de la sangre ha logrado.

El perdón resultante de la reconciliación

La sangre ha logrado la reconciliación por el pecado y lo ha cubierto, y como un resultado de esto, un maravilloso cambio ha tomado lugar en el reino celestial. Pero todo esto no significa para nosotros nada a menos de que tengamos una participación personal en ello. La reconciliación se hace efectiva únicamente en el perdón de pecados.

Dios ha ofrecido una perfecta absolución por todos nuestros pecados y toda culpa. Debido a que la reconciliación por el pecado ha sido hecha una realidad, nosotros ahora podemos ser reconciliados o restaurados a Él. «*Dios estaba en Cristo reconciliando consigo al mundo, no tomándoles en cuenta a los hombres sus pecados, y nos encargó a nosotros la palabra de la reconciliación*» (2 Corintios 5:19). Seguido a esto está la invitación a ser *reconciliados con Dios* (2 Corintios 5:20). Cualquiera que *recibe* la reconciliación por su pecado *es* reconciliado con Dios. Él entonces sabe que todos sus pecados están perdonados.

Las Escrituras usan varias ilustraciones para enfatizar lo extensivo del perdón y convencer el corazón temeroso del pecador de que la sangre ha realmente quitado su pecado.

«Yo deshice como una nube tus rebeliones, y como niebla tus pecados; vuélvete a mí, porque yo te redimí» (Isaías 44:22). *«He aquí, amargura grande me sobrevino en la paz, mas a ti agradó librar mi vida del hoyo de corrupción; porque echaste tras tus espaldas todos mis pecados»* (Isaías 38:17). *«Él ... sepultará nuestras iniquidades, y echará en lo profundo del mar todos nuestros pecados»* (Miqueas 7:19). *«En aquellos días y en aquel tiempo, dice Jehová, la maldad de Israel será buscada, y no aparecerá; y los pecados de Judá, y no se hallarán; porque perdonaré a los que yo hubiere dejado»* (Jeremías 50:20).

Esto es lo que el Nuevo Testamento llama justificación. Es así —con ese nombre— como se menciona en Romanos 3:23-26

«Por cuanto todos pecaron, y están destituidos de la gloria de Dios, siendo justificados gratuitamente por su gracia, mediante la redención que es en Cristo Jesús, a quien Dios puso como propiciación por medio de la fe en su sangre, para manifestar su justicia, a causa de haber pasado por alto, en su paciencia, los pecados pasado, con la mira de manifestar en este tiempo su justicia, a fin de que él sea el justo, y el que justifica al que es de la fe de Jesús».

Tan perfecta es la reconciliación y tan completa la remoción del pecado que ha sido borrado, que el que cree en Cristo Dios lo mira y lo trata como uno enteramente justo. La absolución que el hombre ha recibido de Dios es tan completa que no hay nada, absolutamente nada, que le impida aproximarse a Dios con plena libertad.

No es necesario nada para disfrutar de esta bendición excepto la fe en la sangre. La sangre sola lo ha hecho todo.

El pecador penitente, quien se vuelve de su pecado a Dios, necesita solamente de fe en esa sangre, esto es, fe en el poder de la sangre, que ésta realmente ha expiado su pecado. Mediante esa fe, él sabe que ha sido totalmente reconciliado con Dios, y que ahora no hay nada que le impida que Dios derrame sobre él la plenitud de su amor y bendición.

Si el hombre mira hacia el cielo, el cual anteriormente estuvo cubierto de nubes, nubes negras de la ira y el juicio de Dios, estas nubes ya no están ahí: todo es ahora el brillo de la luz del rostro de Dios y de su amor. La fe en la sangre produce en su corazón el mismo poder milagroso que es ejercido en el cielo. Mediante la fe en la sangre él se convierte en partícipe de todas las bendiciones de Dios que la sangre ha obtenido para él.

Amigo creyente, ore fervientemente que el Espíritu Santo le revele la gloria de esta reconciliación, y el perdón de sus pecados será suyo mediante la sangre de Jesús. Ore que su corazón sea iluminado para ver cuan complemente se ha eliminado el poder acusador y condenador de su pecado y cómo Dios, en la plenitud de su amor y complacencia, se ha vuelto a usted. Abra su corazón al Espíritu Santo, que Él revele en usted los gloriosos efectos que la sangre ha logrado en el cielo. Dios ha establecido a Cristo Jesús mismo como la reconciliación mediante la fe en su sangre. Él es la reconciliación por nuestros pecados. Confíe que Él ya ha cubierto su pecado delante de Dios. Colóquelo a Él entre esos pecados y usted, así experimentará la plenitud de la redención —la cual Él ha logrado—, y cuan poderosa es la reconciliación mediante la fe en su sangre.

Entonces mediante el Cristo vivo, los poderosos efectos que la sangre pone en funcionamiento en el cielo se producirán cada vez más en su corazón y usted conocerá lo que significa caminar en el Espíritu de gracia a la luz plena y gozo del perdón.

Y usted, quien no ha obtenido todavía el perdón de sus pecados, ¿no viene esta palabra como un urgente llamado a poner su fe en la sangre de Jesús? ¿Nunca permitirá ser conmovido por lo que Dios ha hecho por usted siendo un pecador?

«En esto consiste el amor: no en que nosotros hayamos amado a Dios, sino en que él nos amó a nosotros, y envió a su Hijo en propiciación por nuestros pecados» (1 Juan 4:10).

La preciosa y divina sangre ha sido derramada; la reconciliación está consumada y el mensaje viene a usted con estas palabras: *«Reconciliaos con Dios»* (2 Corintios 5:20). Si usted se arrepiente de sus pecados y desea ser liberado del poder del pecado y de su atadura, ejercite la fe en la sangre. Abra su corazón a la influencia de la Palabra que Dios ha enviado. Abra su corazón al mensaje que la sangre puede entregarle ahora, ¡sí, aun para usted, en este preciso momento! Sólo créalo y diga: *«Esa sangre es también para mí»*. Si usted viene como un culpable y perdido pecador, anheloso de perdón, usted puede descansar en la seguridad de que ya ha sido lograda una reconciliación perfecta que cubre el pecado *suyo* y le restaura inmediatamente a un estado de favor delante de Dios y a la plenitud de su amor.

Así que oro que usted ejercite la fe en la sangre. En este momento doble sus rodillas delante de Dios y dígale que usted cree en el poder de la sangre a favor de su propia alma. Cuando haya dicho esto, apóyese en ella, aférrese a esa sangre. Mediante la fe en su sangre, Cristo Jesús será la reconciliación por sus pecados también.

«Por cuanto agradó al Padre que en él habitase toda plenitud, y por medio de él reconciliar consigo todas las cosas, así las que están en la tierra como las que están en los cielos, haciendo la paz mediante la sangre de su cruz» (Colosenses 1:19-20).

CAPÍTULO 4

Limpieza mediante la sangre

Pero si andamos en luz, como él está en luz, tenemos comunión unos con otros, y la sangre de Jesucristo su Hijo nos limpia de todo pecado —1 Juan 1:7

Hemos visto que el efecto más importante de la sangre es la reconciliación del pecado. El fruto del conocimiento respecto de esto y de la fe en la reconciliación es el perdón de pecados. El perdón es solo una declaración gloriosa de lo que ya ha tomado lugar en el cielo en representación del pecador.

Este primer efecto de la sangre no es el único. La sangre ejerce un poder adicional en proporción a como el alma, mediante la fe, se somete al Espíritu Santo. El alma puede entender y gozar el poder completo de la reconciliación, ya que las Escrituras atribuyen a la sangre la impartición de otras bendiciones también.

Uno de los primeros resultados de la reconciliación es la purificación del pecado. Necesitamos ver lo que la Palabra de Dios dice acerca de esto. El término purificación (o limpieza) no es referido entre nosotros sino tocante al perdón de pecados y a la limpieza de la culpa. Esto, sin embargo, no es así. Las Escrituras no nos hablan de que seamos *limpios de la culpa*[11]. La limpieza del pecado significa la liberación de la contaminación, no de la culpa que el pecado trae. La culpa del pecado tiene que ver con nuestra relación con Dios y nuestra responsabilidad de corregir nuestros errores o soportar el castigo que ellos ocasionen. La contaminación del pecado, por el otro lado, es el sentido de suciedad y de impureza el cual trae el pecado en nuestro ser interno: esta es la limpieza que tiene lugar mediante la reconciliación.

La purificación es de suma importancia para todo creyente que desea gozar de la salvación completa que Dios ha provisto para él, y para entender correctamente lo que las Escrituras nos enseñan respecto a esto consideraremos:

1.- Lo que la palabra *purificación* significa en el Antiguo Testamento.
2.- Lo que la palabra *bendición* indica en el Nuevo Testamento.
3.- Cómo podemos experimentar el goce completo de esta bendición.

---

[11] Para aclarar esto, no es que el autor se contradiga diciendo que la sangre no quita la culpa (cosa que repetidas veces ha mencionado anteriormente), sino que habla específicamente de que cuando las Escrituras hablan de limpieza o purificación no se refieren a una limpieza de la culpa, sino más bien, el término limpieza o purificación es usado en relación con la contaminación: «limpieza de la contaminación».

La purificación en el Antiguo Testamento

En el servicio a Dios —tal como fue establecido por mano de Moisés para Israel—, antes de acercarse a Él, tenían que observarse dos ceremonias. Éstas fueron las ofrendas o sacrificios y las limpiezas o purificaciones. Ambas tenían que ser observadas, pero en distinta manera. Ambas tenían la intención de recordar al hombre cuán pecaminoso era y cómo estaba descalificado para acercarse a un Dios santo. Ambas fueron para tipificar la redención por la cual el Señor Jesús restauraría la comunión del hombre con Dios. Por regla general, sólo las ofrendas se consideran típicas de la redención por medio de Cristo. Sin embargo, la epístola a los Hebreos, enfáticamente menciona la purificación (o limpieza) en términos *de comidas y bebidas, de diversas abluciones, y ordenanzas acerca de la carne, impuestas hasta el tiempo de reformar las cosas* (Hebreos 9:10)[12].

Si podemos imaginar la vida de un israelita, entenderemos que la conciencia de pecado y la necesidad de redención fueron despertados tanto por la purificación como por las ofrendas. Debemos también aprender de ellas lo que el poder de la sangre de Jesús es en realidad.

Podemos tomar uno de los ejemplos más importantes de la purificación como una ilustración. Si alguien estuviera en una choza o casa donde estuviera un cuerpo muerto, o si hubiera tocado un cuerpo muerto o huesos, él era inmundo por siete días.

---

[12] Nos dice que la redención no sólo estaba representada en los sacrificios de animales sino en todo el culto en sí, que también incluía diversas ordenanzas respecto a la comida, la bebida, y lavatorios (abluciones); esto último precisamente para respaldar el punto que Murray viene desarrollando respecto a la purificación.

La muerte, siendo el castigo por el pecado, hacía inmundo a todo aquel que se asociara con ella. La purificación estaba acompañada por el uso de las cenizas de una vaca, la cual tenía que ser quemada, tal como es descrito en el libro de Números:

> *«Y un hombre limpio recogerá las cenizas de la vaca y las pondrá fuera del campamento en lugar limpio, y las guardará la congregación de los hijos de Israel para el agua de purificación; es una expiación. Y el que recogió las cenizas de la vaca lavará sus vestidos, y será inmundo hasta la noche; ... Todo aquel que tocare cadáver de cualquier persona, y no se purificare, el tabernáculo de Jehová contaminó... Y para el inmundo tomarán de la ceniza de la vaca quemada de la expiación, y echarán sobre ella agua corriente en un recipiente; y un hombre limpio tomará hisopo, y lo mojará en el agua, y rociará sobre la tienda, sobre todos los muebles, sobre las personas que allí estuviesen, y sobre aquel que hubiere tocado el hueso, o el asesinado, o el muerto, o el sepulcro»* (Números 19:9-10, 13, 17-18).

Estas cenizas, mezcladas con agua, eran rociadas mediante un manojo de hisopo sobre la persona inmunda; él entonces tenía que lavarse con agua para ser ceremonialmente limpio.

Las palabras inmundo, purificación y limpio fueron usadas en referencia a la sanidad de la lepra, una enfermedad que podía ser descrita como una muerte en vida. En Levítico 13 y 14 vemos también que todo aquel que debía ser purificado tenía que primero ser rociado con agua, la cual estaba mezclada con la sangre de un ave ofrecida en sacrificio. Entonces él tenía que lavarse con agua.

Siete días después él era una vez más rociado con la sangre del sacrificio.

Si consideramos detenidamente las leyes de la purificación aprenderemos que la diferencia entre las purificaciones y las ofrendas eran dos. En primer lugar, la ofrenda tenía una clara referencia definida a la transgresión por la cual se debía hacer la reconciliación. La purificación tenía más relación con situaciones que no eran pecaminosas en sí sino de consecuencias del pecado, y por lo tanto tenían que ser reconocidas por el pueblo santo de Dios como sucias. En segundo lugar, en el caso de las ofrendas, no se hacía nada con el oferente. Él veía la sangre rociada sobre el altar o llevada dentro del Lugar Santo; tenía que creer que esto traía reconciliación ante Dios, pero no se hacía nada con él. Por el otro lado, en la purificación, lo que sucedía con la persona era el foco del asunto. La contaminación era algo que había sobrevenido al hombre, ya fuera a través de una enfermedad interna o del contacto externo, por lo que su cuerpo tenía que lavarse o ser rociado con agua según había sido ordenado por Dios.

La purificación era algo que él tenía que sentir y experimentar. Traía un cambio, no sólo en relación a Dios sino también en su propia condición. En la ofrenda, tenía que hacerse algo *fuera de* él; en la purificación, tenía que hacerse algo *en* él. La ofrenda tenía relación con su culpabilidad. La purificación se ocupaba de la contaminación producto del pecado.

El mismo significado de las palabras *limpio* y *purificar* se encuentran por doquier en el Antiguo Testamento. David ora en el Salmo 51, *límpiame de mi pecado... Purifícame con hisopo, y seré limpio* (Salmos 51:2,7). La palabra usada por David aquí es la que se usa más frecuentemente para la purificación de alguien que ha tocado un cuerpo muerto. El hisopo también era usado en tales casos. David oró por algo más que el perdón. Él confesó que había sido *formado en maldad,* es decir, que su naturaleza era pecaminosa (Salmos 51:5). Él oró que fuera purificado por dentro. *Límpiame de mi pecado* (v.2), esa fue su oración. Él usa luego la misma palabra cuando ora, *Crea en mí, oh Dios, un corazón limpio* (Salmos 51:10). La purificación es más que el perdón.

Ezequiel usa esta palabra de la misma manera y se refiere a una condición interna que debe ser cambiada. [El Señor dice]: «*Porque te limpié, y tú no te limpiaste de tu inmundicia*» (Ezequiel 24:13). Luego, al hablar del nuevo pacto, dice: «*Esparciré sobre vosotros agua limpia, seréis limpiados de todas vuestras inmundicias; y de todos vuestros ídolos os limpiaré*» (Ezequiel 36:25).

Malaquías dice lo mismo, conectándolo con el fuego: «*Y se sentará para afinar y limpiar la plata; porque limpiará a los hijos de Leví, los afinará como a oro y como a plata, y traerán a Jehová ofrenda en justicia*» (Malaquías 3:3).

Purificar con agua, con sangre y con fuego (todos ellos) eran tipos de la limpieza que tendría lugar bajo el nuevo pacto: la limpieza interna y la liberación de la mancha del pecado.

La bendición en el Nuevo Testamento

Se menciona frecuentemente en el Nuevo Testamento la limpieza o pureza de corazón. Nuestro Señor dijo: «*Bienaventurados los de limpio corazón, porque ellos verán a Dios*» (Mateo 5:8). Pablo habla del *amor nacido de corazón limpio* (1 Timoteo 1:5). Él habla también de una *buena conciencia.*

Pedro exhorta a sus lectores a amarse los unos a los otros *entrañablemente, de corazón puro* (1 Pedro 1:22). La palabra *purificar* es usada también. Leemos de aquellos quienes son descritos como el pueblo de Dios a quien Él ha *purificado por la fe sus corazones* (Hechos 15:9). El propósito del Señor Jesús en relación a los suyos fue *purificar para sí un pueblo propio* (Tito 2:14).

Concerniente a nosotros leemos: «*Así que, amados, puesto que tenemos tales promesas, limpiémonos de toda contaminación de carne y de espíritu*» (2 Corintios 7:1).

Todas estas Escrituras nos enseñan que la purificación (o limpieza) es una condición interna producida en el corazón como resultado del perdón. Así, se nos dice en 1 Juan 1:7 que *la sangre de Jesucristo su Hijo nos limpia de todo pecado*. La palabra limpieza no se refiere a la gracia del perdón recibido en la conversión sino al efecto de gracia en los hijos de Dios quienes caminan en la luz. También leemos en el verso siete que, *si andamos en luz, como él está en luz... la sangre de Jesucristo su Hijo nos limpia de todo pecado*. Lo que sigue en el verso nueve nos muestra que se indica algo más que el perdón: «*Si confesamos nuestros pecados, él es fiel y justo para perdonar nuestros pecados, y limpiarnos de toda maldad*». La purificación es algo que viene luego del perdón y es el resultado de éste mediante la recepción interior y vivencial del poder de la sangre de Jesús en el corazón del creyente.

Esto ocurre según la Palabra mediante la purificación de la conciencia. «*¿Cuánto más la sangre de Cristo... limpiará vuestras conciencias de obras muertas para que sirváis al Dios vivo?*» (Hebreos 9:14). La mención anterior de la aspersión de las cenizas de una vaca sobre el inmundo sirve como un ejemplo de la experiencia personal de la preciosa sangre de Cristo. La conciencia no es sólo un juez que da sentencias respecto a nuestras acciones sino es también una voz interna que nos da testimonio de nuestra relación con Dios. Cuando ésta es purificada o limpiada mediante la sangre de Cristo, ella dará testimonio de que agradamos a Dios.

Está escrito en el libro de Hebreos: «*los que tributan este culto, limpios una vez, no tendrían ya más conciencia de pecado*» (Hebreos 10:2). Mediante el Espíritu recibimos una seguridad interna de que la sangre nos ha liberado de la culpa y del poder del pecado, así, en nuestra naturaleza regenerada, hemos escapado enteramente del dominio del pecado. El pecado todavía habita en nuestra carne, con sus tentaciones, pero no tiene más poder para gobernar. La conciencia es limpiada; no hay necesidad de estar separados ni un poquito de Dios [por causa del temor], pues podemos ahora verlo en el poder pleno de la redención. La conciencia, la cual es limpiada por la sangre, no es testigo de nada sino de una redención completa: la plenitud de la complacencia de Dios.

Y si la conciencia es purificada o limpiada, así es el corazón, del cual la conciencia es el centro. Leemos de que tenemos ahora un corazón *purificado de mala conciencia* (Hebreos 10:22). No sólo la conciencia debe ser limpiada, sino también el corazón, incluyendo el entendimiento y la voluntad con todos sus pensamientos y deseos. La muerte y la resurrección de Cristo son incesantemente efectivas. Por el poder de su muerte y resurrección, los deseos y disposiciones pecaminosos son asesinadas.

La sangre de Jesucristo su Hijo nos limpia de todo pecado, esto es, del pecado original y del pecado real. La sangre ejercita su poder espiritual y celestial en el alma, y el creyente, en cuya vida la sangre es efectiva, experimenta que su vieja naturaleza se ve impedida de manifestar su poder. Mediante la sangre, las pasiones y los deseos son sometidos y asesinados, de manera que todo es hecho limpio para que el Espíritu pueda traer en el creyente su fruto glorioso.

En caso del más mínimo tropiezo, el alma encuentra inmediata purificación y restauración. Aun los pecados inconscientes son hechos indefensos mediante su efectividad.

Hemos hecho ya una diferencia entre la culpa y la contaminación del pecado. Esto es importante para un entendimiento claro del asunto, pero en la vida real, debemos recordar que no hay distinción entre ellos. Mediante la sangre, Dios trata con el pecado como un todo. Cada verdadera operación de la sangre demuestra su poder simultáneamente sobre la culpa y sobre la contaminación del pecado. La reconciliación y la pureza siempre van juntas, y la sangre siempre está disponible.

Muchos parecen pensar que la sangre está ahí, para que, si volvemos a pecar, podamos recurrir a ella nuevamente para purificarnos. Sin embargo, eso no es así. Tal y como es una fuente, que siempre fluye y siempre purifica todo lo que ha sido puesto en ella, es así como sucede con esta Fuente: ella siempre está abierta para el pecado y la inmundicia. «*En aquel tiempo habrá un manantial abierto para la casa de David y para los habitantes de Jerusalén, para la purificación del pecado y de la inmundicia*» (Zacarías 13:1). El poder eterno de vida del eterno espíritu opera mediante la sangre. Mediante Él, el corazón siempre puede habitar bajo el flujo y limpieza de la sangre.

En el Antiguo Testamento, la purificación era necesaria para cada pecado. En el Nuevo Testamento, la purificación depende de

Él, quien vive para siempre para interceder por nosotros. Cuando la fe ve y desea y se aferra a este hecho, el corazón puede permanecer en todo momento bajo el poder protector y purificador de la sangre.

El disfrute de la bendición

Todo aquel que participa en los méritos expiatorios de la sangre de Cristo mediante la fe tiene participación también en la efectividad de su purificación. Por tanto, es de gran importancia entender cuáles son las condiciones para el completo goce de esta gloriosa bendición.

En primer lugar, el conocimiento es necesario. Muchos piensan que el perdón de pecados es lo único que obtenemos mediante la sangre. Ellos piden esto y es lo único que obtienen.

Pero somos bendecidos cuando empezamos a ver que el Espíritu Santo de Dios tiene un propósito especial en el uso de distintas palabras en las Escrituras respecto a los efectos de la sangre. Entonces investigamos ese significado especial. ¡Que todo aquel que anhele saber lo que el Señor desea decirnos con la palabra *purificación* sea satisfecho! Para ello necesita escudriñar en las Escrituras todo lugar en donde esta palabra aparece. Así, pronto entenderá que el Señor promete más que tan sólo la eliminación de la culpa. Comenzará a entender que el asunto de la purificación provee para él un recurso interior de gran bendición, y el conocimiento de este hecho es la primera condición para experimentarla.

En segundo lugar, debe desearla. Nuestra cristiandad es muchas veces inclinada a posponer la experiencia de lo que nuestro Señor ha intencionado para nosotros en nuestra vida terrena: «*Bienaventurados los de limpio corazón, porque ellos verán a Dios*» (Mateo 5:8).

La pureza de corazón es una característica de todo hijo de Dios, es la condición necesaria para andar con Cristo y para gozar de su salvación. Pero el hombre tiene muy poco deseo interior para agradar al Señor en todas las cosas y todo el tiempo. El pecado y la mancha del pecado nos preocupa poco.

La Palabra de Dios viene a nosotros con la promesa de bendición, la cual debe despertar un gran deseo en nosotros. Crea que la sangre de Jesús le limpia de todo pecado. Si usted aprende a rendirse debidamente, la sangre puede hacer grandes cosas en usted. ¿Acaso no deseará usted experimentar su glorioso efecto de limpieza a cada momento? ¿No debería usted anhelar ser preservado de las muchas manchas que le imputa la conciencia? ¡Ojalá se despierte en usted el deseo de esta bendición! Pruebe esta gran promesa del Fiel Dios en usted: la limpieza de toda maldad.

La tercera condición es estar dispuesto a separarse de todo lo impuro. Mediante el pecado, todo en nuestra naturaleza y en el mundo está contaminado. La purificación no puede tener lugar donde no existe una separación completa y renuncia a todo lo impuro. «*No toquéis lo inmundo*» (2 Corintios 6:17). Necesitamos reconocer que todas las cosas que nos rodean son impuras.

Mis amigos, mis posesiones, mi espíritu, todo debe estar rendido a fin de poder ser limpio en cada vínculo que tengo con estas cosas mediante la preciosa sangre y así, todas las actividades de mi espíritu, alma y ser puedan experimentar una limpieza completa.

Todo aquel que no deje atrás absolutamente todo no podrá obtener una bendición completa. Por el otro lado, todo el que esté dispuesto a pagar el precio completo para que todo su ser sea bautizado por la sangre pronto comprenderá que la sangre de Jesús le limpia de todo pecado.

La última condición es ejercitar la fe en el poder de la sangre. La sangre siempre retiene su poder y efectividad, pero nuestra incredulidad cierra nuestros corazones e inhibe su potencial. La fe es simplemente la remoción de lo que obstaculiza, y deja en nuestros corazones el camino libre para el poder divino que el Señor resucitado aplicará por su sangre. Sí, creamos que hay limpieza total mediante la sangre.

Usted tal vez en alguna ocasión haya visto un manantial en medio de un área con pasto. El polvo está constantemente ensuciando el pasto que crece al lado del camino, pero no hay señal de polvo alguno en donde está el agua fluyendo pues la fuente es un rocío refrescante y purificador; todo ahí está verde y fresco. Así también, la sangre de Cristo continúa su obra bendita sin cesar en el alma del creyente. Todo aquel que por la fe se entrega al Señor y cree que esto sucederá, le será dado.

El efecto espiritual y celestial de la sangre puede experimentarse a cada momento. Su poder es tal que podemos siempre habitar en la fuente, siempre morar en las llagas de mi Señor.

Le ruego que entre y pruebe como la sangre de Jesús puede limpiar su corazón de todo pecado. Usted sabe el gozo que un viajero cansado experimenta al darse un baño en el agua fresca, y se sumerge en el agua para experimentar su frescura, sus efectos de limpieza y fortaleza. Levante sus ojos y vea por la fe cuan incesantemente fluye una corriente desde el cielo hasta la tierra abajo. Colóquese usted mismo en su corriente y crea que las palabras *la sangre de Jesucristo su Hijo nos limpia de todo pecado* tienen un significado divino —más profundo y más extenso de lo que usted pudiere imaginar—. Crea que el Señor Jesús mismo es quien le limpiará en su sangre y cumplirá su promesa de poder en usted. Reconozca la limpieza del pecado por su sangre como una bendición que diariamente puede disfrutar confiadamente.

CAPÍTULO 5

La santificación mediante la sangre

Por lo cual también Jesús, para santificar al pueblo mediante su propia sangre, padeció fuera de la puerta —Hebreos 13:12

La limpieza mediante la sangre fue el tema de nuestro último capítulo. Ahora, la santificación mediante la sangre es en lo que debemos enfocarnos. Para un observador superficial parecería como que existe muy poca diferencia entre la purificación y la santificación. Las dos palabras parecen tener el mismo significado; sin embargo, la diferencia es grande e importante. La limpieza trata principalmente con la vieja vida y las manchas del pecado, las cuales necesitan ser removidas. La santificación concierne a la vida y características nuevas que Dios nos imparte. La santificación involucra la unión con Dios, y específicamente, la plenitud de bendición que fue comprada por su sangre.

La distinción entre estos dos fundamentos está señalada claramente en las Escrituras. Pablo nos recuerda que *Cristo amó a la iglesia, y se entregó a sí mismo por ella, para santificarla, habiéndola purificado en el lavamiento del agua por la palabra* (Efesios 5:25-26). Habiéndola primero limpiado, Él entonces la santifica. Al escribir a Timoteo Pablo también dice: «*Así que, si alguno se limpia de estas cosas, será instrumento para honra, santificado, útil al Señor, y dispuesto para toda buena obra*» (2 Timoteo 2:21). La santificación es una bendición que sigue y supera a la limpieza.

Esta distinción es también ilustrada por las ordenanzas conectadas con la consagración de los sacerdotes comparada con el resto de los levitas. En el caso de estos últimos, quienes tomaban una posición inferior respecto a los sacerdotes en el servicio del santuario, la santificación no se menciona sino tan sólo la palabra limpieza (ésta es usada cuatro veces, lea Números capítulo 8).

No obstante, en la consagración de los sacerdotes, la palabra *santificación* es usada con frecuencia, ya que los sacerdotes permanecían en una relación más cercana con Dios que los levitas (Éxodo 29; Levítico 8).

Este registro enfatiza la relación tan cercana entre la sangre del sacrificio y la santificación. En el caso de la consagración de los levitas, ya fue hecha la reconciliación por el pecado, ellos fueron ya rociados con el agua de la purificación (para ser limpios), pero no eran rociados con la sangre. Sin embargo, la sangre tenía que rociarse sobre los sacerdotes. Ellos eran santificados mediante una aplicación más personal e íntima de la sangre.

LA SANTIFICACIÓN MEDIANTE LA SANGRE

Todo esto eran figuras de la santificación mediante la sangre de Jesús, y esto es lo que ahora buscaremos entender, de manera que podamos participar en ella.

Consideremos lo siguiente:

1.- Qué es la santificación.
2.- Cómo la santificación está relacionada a los sufrimientos de Cristo.
3.- Cómo se obtiene la santificación.

Qué es la santificación

Para entender lo que significa la santificación para el redimido, necesitamos primero entender lo que es la santidad de Dios. Sólo es el Santo, así que nosotros como sus creaturas, tan sólo podemos ser santos mediante Él.

La santidad de Dios a menudo se refiere a su odio y hostilidad hacia el pecado, sin embargo, esto no explica lo que realmente es la santidad; esto es sólo una declaración negativa: Que la santidad de Dios no puede tolerar el pecado.

La santidad es ese atributo de Dios por el cual Él siempre *es*, *quiere* y *hace* lo que es extremadamente bueno, y desea lo extremadamente bueno para sus creaturas, y se los otorga. Dios es llamado *el Santo* en las Escrituras, no sólo porque Él castiga el pecado, sino también porque Él es el Redentor de su pueblo. El profeta Isaías captura la esencia de lo que Dios es diciendo: «*Así dice Jehová, Redentor vuestro, el Santo de Israel... Yo Jehová, Santo vuestro, Creador de Israel, vuestro Rey*» (Isaías 43:14-15).

Su santidad es lo que le hace querer el bien para todos; ésta lo mueve a redimir a los pecadores. Tanto la ira de Dios que castiga el pecado, como el amor de Dios que lo redime provienen de la misma fuente: su santidad. La santidad es la perfección de la naturaleza de Dios.

La santidad en el hombre es una disposición en total acuerdo con la santidad de Dios, la cual elige en todas las cosas lo que Dios quiere. Como está escrito: «*Como aquel que os llamó es Santo, sed también vosotros santos*» (1 Pedro 1:15). La santidad en nosotros no es otra cosa que nuestra unidad con Dios. La santificación del pueblo de Dios es afectada por su intimidad con la santidad de Dios. No hay otro camino para obtener la santificación sino mediante el Dios Santo, quien es quien la puede otorgar, Él y sólo Él. Él es el Señor quien santifica.

Mediante distintas maneras, las Escrituras nos dan a entender que las palabras *santificación* y *santificar* significan que somos atraídos a una relación más íntima con Dios, esto siempre se enfatiza.

El primer significado —y el más simple— de la palabra *santificación* es «separación». Aquello que es sacado de su entorno por mandato de Dios y puesto aparte o separado para ser de su posesión exclusiva, y para su servicio únicamente. Esto no sólo significa la separación del pecado sino también de todo lo que está en el mundo, aun de aquello que puede ser permisible. En este sentido, Dios santificó el séptimo día. Los otros días no eran inmundos, pues *vio Dios todo lo que había hecho, y he aquí que era bueno en gran manera* (Génesis 1:31). Pero sólo el séptimo día era santo, porque Dios lo había tomado en posesión por su sola voluntad.

En el mismo sentido, Dios había separado a Israel de entre las naciones, y en Israel había separado a los sacerdotes para ser santos ante Él. Esta separación para la santificación es siempre un trabajo sólo de Dios, y así, la santificación está frecuentemente conectada con una elección por gracia de Dios.

«Habéis, pues, de serme santos, porque yo Jehová soy santo, y os he apartado de los pueblos para que seáis míos» (Levítico 20:26).

«El varón a quien Jehová escogiera, aquel será el santo» (Números 16:7).

«Porque tú eres pueblo santo para Jehová tu Dios; Jehová tu Dios te ha escogido» (Deuteronomio 7:6).

Dios no toma parte con otros señores. Él debe ser el único poseedor y gobernante de aquellos a quienes Él revela e imparte su santidad.

Pero esta separación no es la única cosa que la palabra *santificación* incluye. Cuando está separado, el hombre se presenta ante Dios como no menos que un objeto sin vida que ha sido santificado para el servicio de Dios. Así pues, para que la separación sea valiosa, debe ocurrir algo más. El hombre debe rendirse a sí mismo, voluntariamente y de todo corazón para esta separación. La santificación incluye una consagración personal al Señor, para ser de Él.

La santificación puede convertirse en nuestra solamente echando sus raíces e instalándose en las profundidades de nuestra vida personal, en nuestra voluntad y en nuestro amor. Dios no santifica a ningún hombre en contra de su voluntad; por tanto, la rendición personal y de todo corazón a Dios es una parte indispensable de este proceso. Es por esto que las Escrituras no sólo hablan de Dios santificándonos, sino de que nosotros debemos santificarnos a nosotros mismos.

Sin embargo, aun mediante la consagración, la verdadera santificación no está todavía completa. La separación y la consagración son sólo la preparación para el glorioso trabajo que Dios hará al impartirnos su propia santidad a nuestra alma. Que seamos *participantes de la naturaleza divina* es la bendición que es prometida a los creyentes mediante la santificación (2 Pedro 1:4). *Para que participemos de su santidad*, ese es el deseo de Dios para aquellos que Él ha separado para sí (Hebreos 12:10). Pero esta impartición de su santidad —siendo un regalo— no es algo que esté aparte de Dios mismo; no, pues es en el compañerismo personal con Él, y en la participación de su vida divina, que la santificación puede obtenerse.

Como el Santo, Dios habita entre su pueblo Israel para santificarlo. Él les dijo: «*Y habitaré entre los hijos de Israel, y seré su Dios. Y conocerán que yo soy Jehová su Dios, que los saqué de la tierra de Egipto, para habitar en medio de ellos. Yo Jehová su Dios*» (Éxodo 29:45-46). Como el Santo, Él habita entre nosotros. La presencia de Dios, sólo eso, puede santificar. Nuestra porción es tan segura que las Escrituras no rehúsan hablar de que, al habitar Dios en nuestros corazones, podemos ser *llenos de toda la plenitud de Dios* (Efesios 3:19). La verdadera santificación es comunión con Dios y su morada en nosotros. De esta manera fue necesario que Dios en Cristo tomara su morada en la carne y que el Espíritu Santo viniera a morar en nosotros. Eso es lo que significa la santificación.

Cómo la santificación está relacionada a los sufrimientos de Cristo

La conexión está bien establecida en el libro de Hebreos: «*Por lo cual también Jesús, para santificar al pueblo mediante su propia sangre, padeció fuera de la puerta*» (Hebreos 13:12). En la sabiduría de Dios, el más alto destino del hombre es su participación en la santidad de Dios. Por lo tanto, este fue el objetivo central del advenimiento de nuestro Señor Jesús a la tierra —encima de sus sufrimientos y muerte. Fue *para que fuésemos santos y sin mancha delante de él* (Efesios 1:4).

Se aclara ante nosotros la manera en que los sufrimientos de Cristo se convirtieron en nuestra santificación mediante las palabras que pronunció nuestro Señor a su Padre cuando estaba próximo a ser sacrificado: «*Y por ellos yo me santifico a mí mismo, para que también ellos sean santificados en la verdad*» (Juan 17:19). Fue debido a que sus sufrimientos y muerte fueron una santificación *de Él* mismo que éstos pueden convertirse en santificación *para* nosotros.

¿Qué es lo que esto quiere decir? Jesús era el Santo de Dios, *el Hijo al que el Padre santificó y envió al mundo*, ¿debe santificarse a sí mismo? (Juan 10:36). Él tenía que hacerlo; era esencial.

La santificación que Él poseía no estaba en una posición más allá de la tentación[13]. En su tentación Él tenía que mantener esta santificación y mostrar perfectamente que su voluntad estaba sometida a la santidad de Dios. Hemos visto que la verdadera santidad en el hombre es la perfecta unidad de su voluntad con la de Dios. A través de toda la vida de nuestro Señor, empezando con la tentación en el desierto, Él sujetó su voluntad a la voluntad de su Padre y se había consagrado a sí mismo como sacrificio a Dios. Pero fue principalmente en Getsemaní donde Él se sujetó a la voluntad del Padre. Esa era la hora en que imperaba el poder de las tinieblas,

---

[13] Esto significa que Cristo, aunque estaba separado para Dios, estaba expuesto al pecado y había la posibilidad de que Él pecara.

y la tentación de apartar de sus labios la terrible copa de ira y hacer su propia voluntad vino a Él con una fuerza casi irresistible, sin embargo, Él rechazó la tentación. Él se ofreció a sí mismo y cedió su voluntad a la voluntad y santidad de Dios. Él se santificó a sí mismo mediante una perfecta unidad de voluntad con la de Dios.

Esta santificación de sí mismo se ha convertido en el poder por el cual nosotros podemos santificarnos mediante la verdad. Esto está en acuerdo perfecto con la epístola a los Hebreos en donde, al hablar de las palabras usadas por Cristo leemos: «*He aquí que vengo, oh Dios, para hacer tu voluntad*», entonces el escritor de Hebreos añade: «*En esta voluntad somos santificados mediante la ofrenda del cuerpo de Jesucristo hecha una vez para siempre*» (Hebreos 10:9-10). Fue debido a la ofrenda de su propio cuerpo, fue la rendición de sí mismo a la voluntad de Dios que nosotros somos santificados mediante esa voluntad.

Debido a que Él se santificó a sí mismo por nosotros, nosotros podemos ser santificados mediante la verdad. La obediencia perfecta de Jesús no fue solamente la causa meritoria de nuestra salvación sino también el *poder* por el cual el pecado fue conquistado para siempre. «*Pero Cristo, habiendo ofrecido una vez para siempre un solo sacrificio por los pecados... porque con una sola ofrenda hizo perfectos para siempre a los santificados*» (Hebreos 10:12,14).

La verdadera relación de nuestro Señor con su propio pueblo es aún más evidente luego de escuchar que era conveniente que nuestro Señor sufriera de la manera que sufrió. Leemos: «*Porque el que santifica y los que son santificaos, de uno son todos*» (Hebreos 2:11). La unidad entre el Señor Jesús y su pueblo consiste en el hecho de que ambos reciben su vida de un Padre, y ambos participan de una misma santificación. Jesús es el santificador, ellos se convierten en los santificados. La santificación es el vínculo que los une. «*Por lo cual también Jesús, para santificar al pueblo mediante su propia sangre, padeció fuera de la puerta*» (Hebreos 13:12).

Si estamos dispuestos a entender y experimentar lo que significa la santificación mediante su sangre, entonces es de suma importancia primero que todo entender el hecho de que la santificación es la característica y propósito de todos los sufrimientos de nuestro Señor, todo el padecimiento de Cristo fue el medio que produjo el fruto y los medios de esta bendición. Su santificación tiene el rasgo de estos sufrimientos y en ellos reside su valor y poder. Nuestra santificación es el propósito de esos sufrimientos; y sólo al sufrirlos es que pudo alcanzarse esa bendición.

Fue así como el Dios Santo predestinó la redención. Su voluntad fue glorificar su santidad al obtener victoria sobre el pecado mediante la santificación del hombre a partir de su propia imagen. Con el mismo objetivo que nuestro Señor resistió hasta el final sus sufrimientos, nosotros necesitamos consagrarnos a Dios. Y si el Espíritu Santo, el Dios Santo como Espíritu, viene a nosotros para revelar la redención que es en Jesús, este sigue siendo el objetivo principal de nuestro trato con Él[14]. Como Espíritu Santo, Él es el Espíritu de santidad.

La reconciliación, el perdón y la purificación del pecado tienen un valor inexpresable; sin embargo, todo esto apunta hacia la santificación. La voluntad de Dios es que todos y cada uno de los

---

[14] Esto significa que en nuestro trato con el Espíritu Santo Él nos revela constantemente la redención que es en Cristo Jesús.

que han sido marcados por la preciosa sangre sepan que esa marca divina caracteriza su entera separación para Dios. Esta sangre llama a cada uno a una vida de consagración sin parcialidades, le llama a una vida enteramente para Dios, y esta sangre es la promesa y el poder de una participación en la santidad de Dios por la cual Él mismo hará su habitación en ellos y será su Dios individualmente.

Oh, que podamos entender y creer esto: «*Jesús, para santificar al pueblo mediante su propia sangre, padeció fuera de la puerta*».

Cómo se obtiene la santificación

En general, una respuesta a esta pregunta es que todo aquel que participa de la sangre también participa de la santificación y es una persona santificada ante los ojos de Dios.

El hombre continúa experimentando los efectos santificadores de la sangre en proporción a qué tan cerca él camina con Dios, incluso aunque entienda poco de cómo estos efectos se producen. No necesita entender ni explicar este concepto antes de que, mediante la oración, la sangre revele su poder santificador en él.

No pensemos que él primero debe entender cómo adquirir esto o sea capaz de explicarlo todo antes de que pueda orar que la sangre revele su poder santificador en él. No, y ejemplo de ello fue que Jesús lavó los pies de sus discípulos en conexión con el rito de la purificación y dijo: «*Lo que yo hago, tú no lo comprendes ahora; mas lo entenderás después*» (Juan 13:7). El Señor Jesús mismo santificó su pueblo mediante su propia sangre. El hombre que se da a sí mismo para adorar y tener comunión con el Cordero experimentará una santificación que está más allá de su comprensión. El Señor Jesús hará esto con él.

Pero el creyente necesita crecer en conocimiento también, porque únicamente de esta manera él puede entrar en la bendición completa que le está preparada. Tenemos tanto el derecho como la responsabilidad de investigar respecto a la conexión esencial entre los beneficios de la sangre y nuestra santificación. Podemos saber de qué manera el Señor Jesús hará que estas cosas —las que hemos aprendido son los principales elementos de la santificación— sean posibles en nosotros.

Hemos visto hasta aquí que el principio de la santificación es nuestra separación para Dios como su propiedad exclusiva y que estemos así a su disposición. ¿No es esto únicamente lo que la sangre pregona? Que el poder del pecado es quebrado, somos sueltos de sus cadenas; no somos más sus esclavos; pero pertenecemos a quien compró nuestra libertad con su sangre. «*Porque habéis sido comprados por precio; glorificad, pues, a Dios en vuestro cuerpo y en vuestro espíritu, los cuales son de Dios*» (1 Corintios 6:20).

Este texto nos dice que somos posesión de Dios. Ya que él desea tenernos enteramente para Él, nos ha escogido, nos trajo y nos puso la marca distintiva de su sangre, todo a fin de que vivamos para servirle sólo a Él. La idea de la separación está claramente expresada en las palabras que repetimos a menudo: «*Por lo cual también Jesús, para santificar al pueblo mediante su propia sangre, padeció fuera de la puerta. Salgamos, pues, a él, fuera del campamento, llevando su vituperio*» (Hebreos 13:12-13).

Salir de todo lo que es de este mundo fue la característica de Aquel que era santo y sin mancha, separado de los pecadores, y esta debe de ser la característica de todos sus seguidores.

Como un creyente, el Señor Jesús le ha santificado mediante su sangre, y Él desea que usted experimente todo el poder de su santificación. Esfuércese por tener una idea clara de lo que ha sucedido en usted a través de esa sangre. El Dios Santo desea tenerle enteramente para sí mismo. Nada ni nadie tiene el más mínimo derecho sobre usted, ni siquiera usted mismo. Dios le ha separado para Él, y le ha sellado, usted tiene el sello de la sangre de Jesús. Esa sangre es la vida eterna del Hijo de Dios, la sangre que está siempre ante el rostro de Dios en el trono de gracia. Esta sangre nos asegura completa redención del poder del pecado y una señal de que le pertenecemos a Dios.

Que cada pensamiento respecto a la sangre nos despierte en esta gloriosa confesión: «Mediante su propia sangre, el Señor Jesús me ha santificado; Él ha tomado completa posesión de mi para Dios y le pertenezco enteramente a Dios».

Hemos visto que la santificación es más que separación, y ésta es sólo el principio. Hemos visto también que la consagración personal y sincera, es decir, la rendición voluntaria para vivir solo para la voluntad de Dios Santo —y en ella—, es parte de la santificación.

Ahora, ¿de qué manera puede la sangre de Cristo obrar esta entrega en nosotros y santificarnos cuando nos rendimos? La respuesta no es difícil. No es suficiente creer en el poder de la sangre para redimirnos y hacernos libres del pecado, sino debemos, sobre todas las cosas, percatarnos de la fuente de su poder.

Sabemos que ésta tiene este poder debido a la voluntad del Señor Jesús cuando Él se entregó a sí mismo. Al derramar su sangre, Él se santificó a sí mismo y se ofreció a sí mismo enteramente a Dios y a su santidad. Esto es lo que hace a la sangre santa y le da el poder santificador[15]. En la sangre tenemos la representación de la total entrega de Cristo. La sangre habla de la consagración de Jesús al Padre como la apertura del camino y la fuente de poder para tener victoria sobre el pecado. Entre más cercano sea el contacto con la sangre, entre más vivamos conscientes de que hemos sido rociados por la sangre, más escucharemos la voz de la sangre declarando que: «La entrega total a Dios es el camino para la redención completa del pecado».

La voz de la sangre no hablará simplemente para enseñarnos o para despertar un pensamiento; la sangre habla con un poder divino y dador de vida. Opera en nosotros la misma perspectiva que operó en nuestro Señor Jesús. Por su propia sangre, Jesús nos santificó para que, sin reserva alguna, nos entreguemos de todo corazón a la santa voluntad de Dios.

Sin embargo, la consagración por sí sola, incluso de la mano con la separación y seguida a ella, no es sino solo una etapa de preparación. La completa santificación tiene lugar cuando Dios toma posesión del templo y lo llena de su gloria. «*Allí me reuniré con los hijos de Israel; y el lugar será santificado con mi gloria*» (Éxodo 29:43). De hecho, la completa santificación consiste en la impartición de la santidad de Dios, de Él mismo.

La sangre habla aquí. Ella nos dice que el cielo está abierto; los poderes de la vida celestial han bajado a la tierra; todo obstáculo se ha removido y Dios puede hacer su habitación con el hombre.

La cercanía directa y la comunión con Dios son posibles gracias a la sangre. El creyente que se rinde a sí mismo —sin reservas— a la

---

[15] Ya que si Jesús hubiera pecado entonces su sangre no fuera una sangre santa.

sangre, obtiene la total seguridad de que Dios se dará a sí mismo y le revelará su santidad.

Cuán gloriosos son los resultados de la santificación. A través del Espíritu Santo, se mantiene una viva comunicación del alma con el Dios vivo; Éste le advierte tiernamente contra el pecado y ella se resguarda por el temor a Dios. Pero vivir en vigilancia contra el pecado no satisface el alma. El templo no sólo debe ser purificado, sino lleno de la gloria de Dios. Todas las virtudes de la santidad divina, como son reveladas en el Señor Jesús, deben buscarse y encontrarse en comunión con Dios: la armonía con su voluntad, en la participación de su vida, y en la conformidad a su imagen.

> *«Por lo cual también Jesús, para santificar al pueblo mediante su propia sangre, padeció fuera de la puerta. Salgamos, pues, a él, fuera del campamento, llevando su vituperio»* (Hebreos 13:12-13).

Sí, Él es quien santifica a su pueblo. Corramos hacia Él. Confiemos que Él nos dará a conocer el poder de su sangre. Sometámonos ante su bendita eficacia. La sangre, mediante la cual Él se santificó a sí mismo, ha entrado al cielo a fin de abrirlo para nosotros. Ésta puede hacer que nuestros corazones se conviertan en el trono de Dios, el lugar donde la gracia y la gloria de Dios habitan. Sí, corramos hacia Él fuera del campamento. Todo aquel que está dispuesto a perderlo todo y decirle adiós a cualquier cosa con tal de que Jesús lo santifique de seguro obtendrá su bendición. Aquel que está dispuesto a experimentar el poder completo de la sangre preciosa (a costa de lo que sea), puede estar seguro de que Jesús mismo le santificará mediante su sangre.

Que el Dios de paz le santifique por completo. Amen.

CAPÍTULO 6

Purificados para servir al Dios vivo

Pero ahora en Cristo Jesús, vosotros que en otro tiempo estabais lejos, habéis sido hechos cercanos por la sangre de Cristo —Efesios 2:13
Cuánto más la sangre de Cristo... limpiará vuestras conciencias... para que sirváis al Dios vivo? —Hebreos 9:14

Después de nuestro estudio de la santificación mediante la sangre, necesitamos considerar lo que involucra tener una íntima comunicación con Dios.

La santificación y la intimidad son palabras que están estrechamente relacionadas en las Escrituras. Sin santificación no puede haber comunicación íntima. ¿Cómo una persona impura puede tener compañerismo con un Dios santo? Por el otro lado, sin esta comunicación no puede haber crecimiento en santidad; pues es solo mediante la comunión con el Dios santo que puede haber santidad.

La estrecha conexión entre la santificación y la comunicación es bastante evidente en la historia de la rebelión de Nadab y Abiú. Aquí Dios tuvo una ocasión para declarar enfáticamente respecto a la naturaleza peculiar del sacerdocio en Israel. Él dijo: «*En los que a mí se acercan me santificaré*» (Levítico 10:3). Luego, una vez más, en la conspiración de Coré contra Moisés y Aarón, Moisés habló por Dios y dijo: «*Mañana mostrará Jehová quién es suyo, y quién es santo, y hará que se acerque al que él escogiere, él lo acercará a sí*» (Números 16:5).

Hemos ya visto que la elección de Dios y la separación que Él hace de alguien para sí mismo están estrechamente relacionadas con la santificación. Es evidente aquí también que la gloria y la bendición aseguradas por esta elección para santidad no consiste en otra cosa sino en la comunicación y la intimidad con Dios. Gozar de su amor de esta manera es la más grande de las bendiciones, la bendición perfecta para el hombre, quien fue creación de Dios. Respecto a ello el salmista canta: «*Bienaventurado el que tú escogieres y atrajeres a ti, Para que habite en tus atrios; Seremos saciados del bien de tu casa, de tu santo templo*» (Salmos 65:4). Hemos visto que la consagración a Dios y el acercamiento a Él son la misma cosa. La aspersión de la sangre, que santifica al hombre y toma posesión de Él para Dios, le otorga el derecho de la comunicación.

Los sacerdotes en Israel tenían ese derecho. En el registro de su consagración leemos: «[Moisés] *hizo acercarse luego a los hijos de Aarón, y puso Moisés de la sangre sobre el lóbulo de sus orejas derechas, sobre los pulgares de sus manos derechas, y sobre los pulgares de sus pies derechos*» (Levítico 8:24). Aquellos que pertenecen a Dios deben, y tienen que, vivir una vida cerca de Él; ellos le pertenecen. Esto es ilustrado en el caso de nuestro Señor, nuestro Gran Sumo Sacerdote quien, por su propia sangre, entró una vez para siempre en el Lugar Santísimo» (Hebreos 9:12). Es lo mismo con cada creyente, de acuerdo con la Palabra: «*Así que, hermanos, teniendo libertad para entrar en el Lugar Santísimo por la sangre de Jesucristo, acerquémonos... purificados los corazones de mala conciencia, y lavados los cuerpos con agua pura*» (Hebreos 10:19, 22).

La palabra *entrar*, tal y como se usa en este versículo, es específicamente la palabra que se usa para que los sacerdotes se acerquen a Dios. En el mismo sentido, en el libro de Apocalipsis, se declara que nuestro derecho para acercarnos como sacerdotes es posible mediante la sangre. Fuimos redimidos de nuestros pecados por su propia sangre, así Él *nos [ha] hecho para nuestro Dios reyes y sacerdotes, y reinaremos sobre la tierra*, a Él sea la gloria por siempre (Apocalipsis 5:10). «*Estos son los que han salido de la gran tribulación, y han lavado sus ropas, las han emblanquecido en la sangre del Cordero. Por esto están delante del trono de Dios, y le sirven día y noche en su templo*» (Apocalipsis 7:14-15).

Una de las más gloriosas bendiciones que han sido logradas para nosotros por la sangre es acercarnos al trono en la mismísima presencia de Dios. Para entender lo que esta bendición significa, consideremos lo que está contenido aquí:

1.- El derecho de habitar en la presencia de Dios.

2.- El privilegio de ofrecer sacrificios espirituales a Dios.

3.- El poder de adquirir bendición para otros.

El derecho de habitar en la presencia de Dios

Aunque este privilegio perteneció exclusivamente a los sacerdotes en Israel, sabemos que ellos tuvieron acceso libre a la morada de Dios. Ellos tenían que permanecer ahí continuamente. Como miembros de la familia de Dios, ellos comían los panes de la preposición y participaban de los sacrificios. Un verdadero israelita pensaba que no había privilegio más grande que este. El salmista lo expresa en estos términos: «*Bienaventurado [Dichoso] el que tú escogieres y atrajeres a ti, Para que habite en tus atrios; Seremos saciados del bien de tu casa, De tu santo templo*» (Salmos 65:4).

Era debido a la comprobada presencia de Dios que los creyentes en aquellos días anhelaban la casa de Dios con tan fuerte deseo. Su clamor era: «*¿Cuándo vendré, y me presentaré delante de Dios?*» (Salmos 42:2). Ellos entendieron algo del significado espiritual del privilegio de estar cerca de Dios. El salmista dice: «*Pero en cuanto a mí, el acercarme a Dios es el bien; He puesto en Jehová el Señor mi esperanza, Para contar todas tus obras*» (Salmos 73:28). Esto representaba para ellos el goce de su amor, de su compañía, su protección y bendición. Ellos podrían exclamar: «*¡Cuán grande es tu bondad, que has guardado para los que te temen...! En lo secreto de tu presencia los esconderás*» (Salmos 31:19-20).

La sangre preciosa de Cristo ha abierto el camino para el creyente en la presencia de Dios, y su comunicación con Él es profunda y realmente espiritual. Quien conoce el poder de la sangre es traído tan cerca que puede siempre vivir en la inmediata presencia de Dios y en el goce de las inefables bendiciones inherentes a ello. Dios mismo las confiere. Él vive diariamente en amistad y compañerismo con Dios. Como hijo de Dios, él da a conocer sus deseos y pensamientos al Padre con libertad perfecta. En esta comunión con Dios, él posee todo lo que necesita y no le falta nada. Su alma es mantenida en descanso perfecto y paz, porque Dios está con él. Recibe toda la dirección y enseñanza que necesita. Los ojos de Dios están siempre sobre él y lo guían. Mediante la comunicación con Dios, él es capaz de escuchar los más suaves susurros del Espíritu Santo. Aprende a entender la más ligera señal de la voluntad del Padre y él la sigue. Su fortaleza se incremente continuamente, porque Dios es su fortaleza y el Todopoderoso está siempre con él.

El compañerismo con Dios ejerce una maravillosa influencia sobre la vida del creyente y sobre su carácter. La presencia de Dios le llena con humildad, temor y santa precaución. Él vive en la presencia de un Rey. La comunión con Dios produce actitudes piadosas en él. Contemplando la imagen de Dios, él es transformado en la misma imagen. Habitar con el Santo le hace santo. Él puede decir: «*El acercarme a Dios es el bien; He puesto en Jehová el Señor mi esperanza*» (Salmos 73:28). Y si esto lo decían los del antiguo pacto, ¡Cuanto más los del nuevo! ¿No tenemos nosotros mil veces más razones para decir lo mismo, siendo ahora, que el velo ha sido rasgado y que ha sido abierto el camino para vivir en la santa presencia de Dios? ¡Que este tan alto privilegio aliente nuestros deseos! Comunicación con Dios, comunión con Él, habitación con el Señor y Él con nosotros. Que no seamos satisfechos con nada inferior a esto. Esta es la verdadera vida cristiana.

Sin embargo, la intimidad con Dios no es sólo porque disfrutamos de la salvación, sino también debido al servicio que podemos rendiré debido a esa cercanía. Por tanto, consideremos lo siguiente:

El privilegio de ofrecer sacrificios espirituales a Dios

Es un gran privilegio ofrecer sacrificios espirituales a Dios. El disfrute de los sacerdotes al acercarse a Dios en su morada estaba supeditado a algo mayor: ellos eran siervos del Lugar Santo y estaban encargados de traer lo que pertenecía a Dios dentro de su casa. Y así, únicamente cuando ellos se gozaban al acercarse a Dios ese servicio podría ser verdaderamente una bendición.

El servicio consistía en traer la sangre para la aspersión, la preparación del incienso para llenar la casa con su fragancia, y el orden de todo lo perteneciente al arreglo de su casa en estricto apego a la Palabra de Dios.

Ellos tenían que guardar, servir y proveer todo para la morada del Altísimo y de su gloria, de manera que éste fuera digno de Él y de su gloria, y se cumpliera su buena voluntad. Si la sangre de Jesús nos acerca, debemos de vivir ante Dios como sus siervos y traer a él sacrificios espirituales agradables a sus ojos.

Los sacerdotes traían la sangre dentro del Lugar Santo delante de Dios. En nuestra comunión con Dios, no podemos traer mayor ofrenda que un corazón que le cree y honra la sangre del Cordero. Cada acto de confianza humilde, o de sincera acción de gracias por la sangre, es algo aceptable a Él. Nuestra permanencia y comunión de hora en hora tiene que ser una glorificación de la sangre ante Dios. Los sacerdotes traían incienso al Lugar Santo para llenar la casa de Dios con la fragancia. Las oraciones del pueblo de Dios son el deleitoso incienso con el cual Él desea ser rodeado en su habitación. El valor de las oraciones no consiste meramente en que sean el medio para obtener las cosas que necesitamos. No, sino que tienen un objetivo más alto. La oración es un servicio a Dios, algo en lo que Él se deleita.

La vida de un creyente quien goza en acercarse a Dios mediante la sangre es una vida de incesante oración. En un profundo sentido de dependencia, busca la gracia y ésta es esperada en cada momento y a cada paso. En la bendita convicción de que, en la cercanía a Dios y en su bondad perenne, el alma se derrama y confía que cada promesa será cumplida. En medio del gozo que trae la luz del rostro de Dios, se eleva una acción de gracias y adoración junto con la oración.

Estas son ofrendas espirituales, las ofrendas perpetuas de los sacerdotes a Dios. Ellos fueron santificados y traídos cerca de Dios mediante la sangre, y así, ellos podían siempre vivir y caminar en su presencia.

Pero hay algo más. Los sacerdotes tenían la tarea de atender todo lo concerniente a la limpieza o provisión necesaria para el ministerio del templo. ¿Cuál es este ministerio ahora bajo el nuevo pacto? Gracias a Dios no hay arreglos externos o exclusivos para la adoración divina. No, el Padre ha determinado que todo lo que haga cualquiera que esté caminando en su presencia es una ofrenda espiritual. Si un creyente camina como si caminara ante Dios mismo, todo lo que él ofrece es un servicio a Dios; es un sacrificio sacerdotal, agradable a Dios. «*Si, pues, coméis o bebéis, o hacéis otra cosa, hacedlo todo para la gloria de Dios*» (1 Corintios 10:31). «*Y todo lo que hacéis, sea de palabra o de hecho, hacedlo todo en el nombre del Señor Jesús, dando gracias a Dios Padre por medio de él*» (Colosenses 3:17). En este sentido, todas nuestras acciones se convierten en ofrendas de acciones de gracias a Dios.

Cuan pocos cristianos reconocen la gloria de una vida de completa devoción, siempre en comunicación con Dios. Debido a que estoy limpio, santificado y he sido traído cerca de Dios por el poder de la sangre, mi llamado en esta tierra, mi vida entera, aun mi comer y beber son un servicio espiritual. Mi trabajo, mis negocios, mi dinero y mi casa han sido santificados por la presencia de Dios, por causa de mi caminar en su presencia. El trabajo terrenal más modesto es un servicio sacerdotal, ya que es hecho por un sacerdote en el templo de Dios.

Sin embargo, aun esto no agota la gloria y bendición que la comunión con Dios trae, pues la más alta bendición del sacerdocio es que éste se presenta como un representante de Dios ante otros.

El poder de adquirir bendición para otros

Esto es lo que da gloria a la acción de acercarse a Dios. En Israel, los sacerdotes eran los mediadores entre Dios y el pueblo. Ellos llevaban los pecados y las necesidades del pueblo a la presencia de Dios; obtenían el poder para declarar el perdón del pecado y el derecho de bendecir a la gente de parte de Dios.

Este privilegio ahora pertenece a los creyentes como miembros de la familia sacerdotal del nuevo pacto. Cuando Dios permitió que sus redimidos se aproximaran a Él mediante su sangre, fue para que, al bendecirlos, ellos a su vez pudieran convertirse en una bendición para otros. La mediación sacerdotal (un corazón sacerdotal que puede simpatizar con los débiles), es poder para obtener la bendición de Dios en el templo y transmitirla a los demás. En estas cosas, la comunión (la cercanía a Dios mediante la sangre), demuestra su más alto poder y gloria.

Podemos ejercer nuestra dignidad sacerdotal de dos maneras:

A través de la intercesión

El ministerio de intercesión es uno de los más altos privilegios del hijo de Dios. Esto no significa que expresamos nuestros deseos ante Dios y pedimos que Él supla lo necesario para satisfacerlos. Esto es bueno hasta cierta medida y trae consigo cierta bendición. Sin embargo, el ministerio peculiar de intercesión es algo más maravilloso, y encuentra su poder en la *oración de fe*. Esta *oración de fe* es algo diferente a la mera expresión de nuestros deseos ante Dios.

En la verdadera *oración de fe* el intercesor debe pasar tiempo con Dios para apropiarse de las promesas contenidas en su Palabra y permitir ser enseñado por el Espíritu Santo para conocer si la promesa reclamada puede ser aplicada a ese caso particular. Él toma sobre sí mismo tanto el pecado como la necesidad del otro y reclama la promesa al respecto[16]. Así, permanece en la presencia de Dios hasta tener la plena seguridad de que su oración ha sido escuchada.

De esta manera, los padres oran por sus hijos; los ministros por sus congregaciones; los obreros de la viña del Señor oran por las almas que Él les ha encomendado. Ellos oran hasta que sepan que sus oraciones son escuchadas. La sangre es lo que tiene el poder para traerle cerca a Dios y le otorga la libertad para orar hasta obtener la respuesta.

¡Oh, si entendiéramos más perfectamente lo que esto significa para habitar en la presencia de Dios, demostraríamos más poder en el ejercicio de nuestro sacerdocio santo!

Como instrumentos

Una expresión adicional de nuestro rol es que no sólo intercedemos por otros, pero también nos convertimos en los

---

[16] Esto se refiere a la intercesión que nosotros hacemos por los pecados del prójimo, por ejemplo, en conexión con 1 Juan 5:16.

instrumentos por los cuales la bendición es ministrada. Cada creyente es llamado, y él se siente obligado por amor, a trabajar a favor de otros.

> «*Dios estaba en Cristo reconciliando consigo al mundo, no tomándoles en cuenta a los hombres sus pecados, y nos encargó a nosotros la palabra de la reconciliación. Así que, somos embajadores en nombre de Cristo, como si Dios rogase por medio de nosotros; os rogamos en nombre de Cristo: Reconciliaos con Dios*» (2 Corintios 5:19-20).

Los creyentes *saben* que Dios los ha bendecido para ser una bendición a otros, pero tal parece que ellos no tuvieran poder para traerles esa bendición. Ellos dicen que no son capaces para ejercer una influencia sobre otros con sus palabras; y claro, esto siempre será cierto si ellos no habitan en el santuario. Leemos que *apartó Jehová la tribu de Leví... para que estuviesen delante de Jehová... y para bendecir en su nombre* (Deuteronomio 10:8). El *poder* sacerdotal depende de la *vida* sacerdotal en la presencia de Dios. Quien experimenta el poder de la sangre para preservarle tendrá el coraje para creer que la sangre puede liberar a otros. El poder santo y dador de vida de la sangre creará en él el mismo resultado, por conducto del sacrificio de Jesús mismo para redimir a otros.

Cuando tenemos comunión con Dios su amor encenderá nuestro amor y Él fortalecerá nuestra fe en que Él seguramente hará uso de nosotros. El Espíritu de Jesús tomará posesión de nosotros para permitirnos trabajar con humildad, sabiduría y poder; nuestra debilidad y pobreza se convertirán en los vasos en los cuales el poder de Dios puede trabajar. De nuestras palabras y ejemplo, fluirán bendiciones, ya que habitamos con Él, quien es todo bendición, y Él no permitirá que nadie esté cerca de Él sin que esté lleno de su bendición.

Amado, ¿no es la vida que está preparada para nosotros gloriosa y de bendición? El gozo de estar cerca de Dios, el desempeño del ministerio en su casa y la impartición de su bendición a otros son bendiciones.

Que nadie piense que la bendición completa no es para él o que tal vida es demasiado alta. En el poder de la sangre de Jesús tenemos la seguridad de que podemos todos acercarnos a Él, pues dicen las Escrituras: «*Acercaos a Dios, y él se acercará a vosotros*» (Santiago 4:8).

Para todo aquel que verdaderamente desea esta bendición le daré el siguiente consejo: En primer lugar, recuerde que este poder está diseñado para todos nosotros. Todos los hijos de Dios han sido hechos cercanos por la sangre. Todos pueden desear la experiencia plena de ello. Recuerde que la vida en comunión y cercanía con Dios es para todos nosotros. El Padre no quiere que ninguno de sus hijos esté lejos. No podemos agradar a nuestro Dios como es debido si vivimos sin esta bendición. La gracia de vivir como sacerdotes está preparada para nosotros; la entrada al santuario es libre, tanto como nuestro lugar de habitación es para nosotros. Podemos estar seguros de esto: Dios nos concede su santa presencia, su morada como nuestro derecho de hijos. Abracemos esta verdad.

Entonces, debemos hacer del poder completo de la sangre totalmente nuestro. Ese poder hace posible la comunicación y la intimidad. Nuestros corazones pueden ser llenos con fe en el poder de la sangre de la reconciliación. El pecado ha sido enteramente expiado y borrado, y su poder para mantenernos alejados de Dios ha sido completamente eliminado. Viva alegre profesando que el pecado no tiene poder para separarnos aun por un momento de Dios. Por la sangre hemos sido completamente justificados y así tenemos un reclamo justo para tener un lugar en el santuario. La sangre nos limpia, de modo que podemos contar con la comunión que sigue a esta limpieza, y ser liberados de toda contaminación de pecado. Podemos así repetir lo que dice el autor de Hebreos: «*¿Cuánto más la sangre de Cristo, el cual mediante el Espíritu eterno se ofreció a sí mismo sin mancha a Dios, limpiará vuestras conciencias de obras muertas para que sirváis al Dios vivo?*» (Hebreos 9:14). Tenemos que dejar que la sangre nos santifique y separe para Dios para ser llenos por Él. Permita que el poder perdonador, purificador y santificador de la sangre le guie y le dirija. Esto automáticamente nos traerá cerca de Dios y nos protegerá.

Por último, no dude que Dios le revelará el poder de la sangre para traerle cerca de Dios; más bien, espérelo, pues la sangre fue derramada para unificarnos con Dios. La sangre ha cumplido su obra, y ésta será perfeccionada en nosotros. La sangre tiene una virtud y gloria inefables ante los ojos de Dios.

Dios se acerca con alegría y agrado al corazón que se entrega enteramente a la plena eficacia de la sangre. La sangre tiene irresistible poder. Esté seguro de que la sangre es capaz de preservarnos cada día en la presencia de Dios por su divino poder vivificante. Nuestra permanencia con Dios es tan segura y cierta, tanto como la sangre es preciosa y todopoderosa.

> «*Estos son los que han salido de la gran tribulación, y han lavado sus ropas, y las han emblanquecido en la sangre del Cordero. Por esto están delante del trono de Dios, y le sirven día y noche en su templo*» (Apocalipsis 7:14-15).

Esta gloria eterna también afecta nuestras vidas sobre la tierra. Entre más plena sea nuestra fe y experiencia en el poder de la sangre, más será nuestra intimidad y nuestra seguridad de que estamos cerca del trono. El ministerio ininterrumpido de Dios se amplía y el poder para servir al Dios vivo se incrementa. ¡Oh Señor, que esta palabra tenga su poder completo sobre nosotros ahora, aquí, y de aquí en adelante.

CAPÍTULO 7

Habitando en el Santísimo

Así que, hermanos, teniendo libertad para entrar en el Lugar Santísimo por la sangre de Jesucristo, por el camino nuevo y vivo que él nos abrió a través del velo, esto es, de su carne, y teniendo un gran sacerdote sobre la casa de Dios, acerquémonos con corazón sincero, en plena certidumbre de fe, purificados los corazones de mala conciencia y lavados los cuerpos con agua pura
—Hebreos 10:19-22

En estas palabras tenemos un resumen de los puntos principales de la epístola y de las buenas nuevas de la gracia de Dios, tal y como el Espíritu Santo hizo que se presentaran a los hebreos y luego a nosotros.

Mediante el pecado, el hombre fue expulsado del paraíso y de la presencia y comunión con Dios. En su misericordia, Dios buscó restaurar la comunión quebrantada desde el principio. A través de los tipos simbólicos del tabernáculo, Él dio a Israel la expectativa de un tiempo por venir cuando la pared divisoria sería removida y su pueblo podría habitar en su presencia. «*¿Cuándo vendré, y me presentaré delante de Dios?*» Este fue el suspiro de añoranza de los santos del antiguo pacto (Salmos 42:2).

Muchos de los hijos de Dios bajo el nuevo pacto añoran también esto porque no entienden que el camino al Lugar Santísimo ha sido abierto y todo hijo de Dios puede tener su verdadera morada allí.

Para aquellos que anhelan experimentar el poder completo de la redención, tomen nota de lo que Dios nos dice respecto al Lugar Santísimo y a nuestra libertar para entrar a través de la sangre. Hebreos 10:19-22 nos muestra lo que Dios ha preparado para nosotros; entonces aprendemos cómo prepararnos para entrar en esa comunión y vivir en ella.

Lea el texto una vez más con atención y vea que la palabra *acerquémonos* es el centro de todo. El siguiente bosquejo puede ser de ayuda:

1.- Lo que Dios ha preparado para nosotros:
- *El Lugar Santísimo*
- *Libertad mediante la sangre*
- *Un camino nuevo y vivo*
- *El gran Sacerdote*

2.- Cómo debemos prepararnos:
- *Con un corazón sincero*
- *En plena certidumbre de fe*
- *El corazón purificado*
- *El cuerpo lavado*

Lea el texto una vez más con un ojo en este bosquejo:

«*Así que, hermanos, teniendo libertad para entrar en el* **Lugar Santísimo** *por* **la sangre de Jesucristo**, *por* **el camino nuevo y vivo** *que él nos* **abrió** *a través del velo, esto es, de su carne, y teniendo un* **gran sacerdote** *sobre la casa de Dios, acerquémonos con* **corazón sincero**, *en* **plena certidumbre** *de fe,* **purificados los** *corazones de mala conciencia, y* **lavados los cuerpos** *con agua pura*» (Hebreos 10:19-22, énfasis agregado).

Lo que Dios ha preparado para nosotros
El Lugar Santísimo

«*Teniendo libertad para entrar en el Lugar Santísimo por la sangre de Jesucristo... acerquémonos*»

El fin de la obra redentora de Jesús es introducirnos al Lugar Santísimo, y todo aquel que no conoce lo que es el Lugar Santísimo no podrá gozar del beneficio completo de la redención.

¿Qué es esto del santuario o el Lugar Santísimo? El santuario es el lugar donde mora el Altísimo. Este no sólo se refiere al cielo, sino también al santuario *espiritual* de la presencia de Dios.

Bajo el antiguo pacto había un santuario físico, la morada de Dios en el cual los sacerdotes entraban en la presencia de Dios y le servían:

«*Ahora bien, aun el primer pacto tenía ordenanzas de culto y un santuario terrenal. Porque el tabernáculo estaba dispuesto así: en la primera parte, llamada el Lugar Santo, estaban el candelabro, la mesa y los panes de la proposición. Tras el segundo velo estaba la parte del tabernáculo llamada el Lugar Santísimo... en la primera parte del tabernáculo entran los sacerdotes continuamente para cumplir los oficios del culto; pero en la segunda parte, sólo el sumo sacerdotes una vez al año, no sin sangre, la cual ofrece por sí mismo y por los pecados de ignorancia del pueblo; dando el Espíritu Santo a entender con esto que aún no se había manifestado el camino al Lugar Santísimo, entre tanto que la primera parte del tabernáculo estuviese en pie*» (Hebreos 9:1-3, 6-8).

Bajo el nuevo pacto existe el verdadero tabernáculo *espiritua*l, el cual no está confinado a ningún lugar. El Lugar Santísimo es donde Dios se revela a sí mismo.

«*Más la hora viene, y ahora es, cuando los verdaderos adoradores adorarán al Padre en espíritu y en verdad; porque también el Padre tales adoradores busca que le adoren. Dios es Espíritu; y los que le adoran, en espíritu y en verdad es necesario que adoren*» (Juan 4:23-24).

También sabemos que *vosotros sois el templo del Dios viviente, como Dios dijo: Habitaré y andaré entre ellos, Y seré su Dios, Y ellos serán mi pueblo* (2 Corintios 6:16).

Que glorioso privilegio es entrar en el Lugar Santísimo y habitar ahí: caminar todos los días en la presencia de Dios. Que maravillosa bendición es derramada ahí. En este santuario podemos gozar el favor y la comunión de Dios; experimentamos la vida y la bendición de Dios y encontramos su poder y el gozo de Dios. Podemos pasar la vida en la pureza y consagración del Lugar Santísimo; el incienso de olor suave es quemado y los sacrificios ofrecidos son aceptables a Dios. Es una vida santa de oración y dicha.

Bajo el antiguo pacto, todo era físico; el santuario fue hecho con materiales físicos y locales. Bajo el nuevo pacto, todo es espiritual, y el verdadero santuario debe su existencia al poder del Espíritu Santo. A través del Espíritu Santo es posible una vida real en el Lugar Santísimo, y el conocimiento de que Dios habita ahí puede ser una certeza tal y como la que tuvieron los sacerdotes que entraban en el Lugar Santo. El Espíritu hace que la obra que Jesús ha realizado sea irrefutable en nuestra experiencia.

Y usted, como uno que ha sido redimido, es conveniente que haga su hogar en el Lugar Santísimo, pues Cristo no puede revelar el poder total de su redención en ningún otro lugar. Sin embargo, en el Lugar Santísimo, Él puede bendecirle ricamente. Oh, que Dios le ayude a entender esto, y que haga suyo el objetivo de Dios y de nuestro Señor Jesucristo. Que usted sea de los que desean de todo corazón entrar, vivir y ministrar en el Lugar Santísimo. Podemos confiadamente esperar que el Espíritu Santo nos dará un correcto entendimiento de la gloria de entrar en su habitación —el santuario.

Libertad mediante la sangre

La admisión al Lugar Santísimo pertenece a Dios. Él lo pensó y preparó; tenemos la libertad, la libre elección y el derecho de entrar por medio de la sangre de Jesús, la cual ejercita tan maravilloso poder que un hijo de perdición podría recibir entrada totalmente libre en el santuario divino mediante ella. «*Pero ahora en Cristo, vosotros que en otro tiempo estabais lejos, habéis sido hechos cercanos por la sangre de Cristo*» (Efesios 2:13).

¿Y qué es lo que da a la sangre este maravilloso poder? Las Escrituras dicen que *la vida de la carne en la sangre está* (Levítico 17:11). El poder de la sangre está en el valor de la vida. El poder de la vida divina habitó y operó en la sangre de Jesús.

Pero ese poder no podría ser ejercitado para reconciliación hasta que ésta fuera derramada. Al llevar el castigo por el pecado mediante su muerte, el Señor Jesús conquistó el poder del pecado y lo redujo a nada. *El poder del pecado es la ley*, cuando Él derramó su sangre estando bajo la maldición de la ley, la cumplió, así Él dejó al pecado completamente sin poder. De esta manera la sangre tiene su maravilloso poder, no sólo porque la vida del Hijo de Dios estaba ahí, sino también porque fue dada en propiciación por el pecado. Esta es la razón por la que las Escrituras hablan tan bien de la sangre. Mediante la sangre del pacto eterno, fue que *Dios resucitó de los muertos a nuestro Señor Jesucristo* (Hebreos 13:20).

«*Por su propia sangre, entró una vez para siempre en el Lugar Santísimo, habiendo obtenido eterna redención*» (Hebreos 9:12). El poder de la sangre ha destruido el poder del pecado, la muerte, la tumba y el infierno; y el poder de la sangre ha abierto las puertas del cielo. Y ahora tenemos libertad para entrar a través de la sangre. Mientras que el pecado quitó nuestra libertad de acercarnos a Dios, la sangre restaura perfectamente esta libertad para nosotros. Cualquiera que dedica tiempo para meditar sobre el poder de esa sangre y cree en ella, obtendrá un maravilloso panorama de libertad y franqueza con las cuales ahora podemos tener comunicación e intimidad con Dios.

¡Oh, divino y maravilloso poder, el de la sangre! Mediante la sangre entramos en el Lugar Santísimo. La sangre intercede por nosotros con un efecto eterno e incesante. Remueve el pecado de la vista de Dios y de nuestras conciencias. Cada momento tenemos una libre y completa entrada y podemos aproximarnos a Dios y convivir con Él mediante la sangre.

¡Oh, que el Espíritu Santo nos revele el poder completo de la sangre! Bajo su enseñanza, ¡cuán gran y completo acceso disfrutamos para tener comunión íntima con el Padre! Nuestra vida está en el Lugar Santísimo mediante la sangre.

<u>*Un camino nuevo y vivo*</u>

«*Así que, hermanos, teniendo libertad para entrar en el Lugar Santísimo por la sangre de Jesucristo, por el camino nuevo y vivo que él nos abrió a través del velo, esto es, de su carne*» (Hebreos 10:19-20). El camino, como viviente y vivificante, nos otorga el poder. Él consagró el camino mediante su *carne*; sin embargo, esto no significa una mera repetición del mismo pensamiento sólo que expresado en otras palabras[17]. No, de ninguna manera.

Jesús derramó su sangre por nosotros; en esto no podemos seguirlo. Sin embargo, el camino por el cual Él caminó cuando Él derramó su sangre, la rendición del velo de su carne, este es el camino por el cual *tenemos* que seguirlo. Lo que Él hizo al abrir este camino es un poder vivo que nos atrae y lleva a entrar al santuario. La lección que aprendemos aquí es que el camino al santuario es a través del rasgado del velo de su carne.

El velo que nos separaba de Dios era la carne. El pecado tiene su poder en la carne; sólo al quitar el pecado podría removerse el velo. Cuando Jesús vino en la carne, la única manera en que Él podría rasgar el velo era muriendo y así conquistar el poder de la carne y el pecado. Él ofrendó la carne y la liberó del pecado. Esto es lo que le dio valor y poder al derramamiento de su sangre.

---

[17] Murray está hablando de que las expresiones «mediante su sangre» y «mediante su carne» (incluidas en el versículo de Hebreos 10:19-20) no son sinónimos sino son conceptos distintos.

Y esto sigue siendo la ley para todo aquel que desea entrar al santuario mediante su sangre; necesita ser a través del velo rasgado de la carne. La sangre requiere y la sangre logra el desgarramiento de la carne. Donde la sangre de Jesús opera poderosamente sigue la muerte de la carne. Quien deja viva la carne no puede entrar en el Lugar Santísimo. La carne debe ser sacrificada —entregada a la muerte.

En la medida en que el creyente perciba la pecaminosidad de su carne y haga morir todo lo que tiene que ver con la carne, comprenderá mejor el poder de la sangre. El creyente no hace esto en sus propias fuerzas; esto viene por un camino vivo que Jesús ha consagrado; el poder vivificante de Jesús opera en este camino[18]. El cristiano es crucificado y muerto con Jesús; los que son de Cristo han crucificado la carne[19]. El apóstol Pablo nos dice: «*Con Cristo estoy juntamente crucificado, y ya no vivo yo, mas vive Cristo en mí; y lo que ahora vivo en la carne, lo vivo en la fe del Hijo de Dios, el cual me amó y se entregó a sí mismo por mí*» (Gálatas 2:20). Sólo en la comunión con Cristo podemos entrar a través del velo.

¡Oh, glorioso camino, *el vivo y nuevo camino*, lleno de poder vivificante, el que Cristo ha consagrado para nosotros! Mediante

---

[18] Se entiende por carne, las pasiones pecaminosas que operan en nuestros miembros (Romanos 7:5). La Biblia nos revela que la carne es derrotada mediante una vida en el Espíritu, una vida de fe en Cristo (Romanos 8). El que quiera vencer a la carne mediante sus esfuerzos personales y sin descansar totalmente en el poder del Espíritu Santo, se ata a la ley (Gálatas 3:1-5), y es vencido (Colosenses 2:23).

[19] Esta frase hace alusión a Gálatas 5:24 y se refiere a que cuando sometemos totalmente nuestra vida al Señor es que estamos crucificando la carne (así como Cristo se sometió a la muerte voluntariamente), pero el Espíritu es quien vence la carne y no nosotros. Respecto a esto, Murray nos explica el papel de la sangre de Jesús en este proceso.

este camino podemos tener la libertad para entrar en el santuario mediante la sangre de Jesús. Que el Señor nos lleve por este camino a través del velo rasgado, a través de la muerte de la carne, a la vida plena del Espíritu; entonces encontraremos nuestra habitación dentro del velo en el santuario con Dios. Cada sacrificio de la carne nos guía a través de la sangre y más allá, dentro del santuario.

Compare esto asimismo con 1 Pedro 3:18, donde dice: «*Cristo... siendo a la verdad muerto en la carne*», y 1 Pedro 4:1, el cual dice: *Cristo ha padecido por nosotros en la carne* de manera que nosotros podamos vivir en el Espíritu.

«*Dios, enviando a su Hijo en semejanza de carne de pecado y a causa del pecado, condenó al pecado en la carne; para que la justicia de la ley se cumpliese en nosotros, que no andamos conforme a la carne, sino conforme al Espíritu*» (Romanos 8:3-4).

<u>El gran Sacerdote</u>

«*Y teniendo un gran sacerdote sobre la casa de Dios, acerquemos con corazón sincero, en plena certidumbre de fe, purificados los corazones de mala conciencia, y lavados los cuerpos con agua pura*» (Hebreos 10:21-22).

Gloria a Dios, al entrar al santuario, no tenemos solamente la obra sino la persona viva de Cristo; no sólo la sangre y el camino vivo, sino a Jesús mismo como el Sumo Sacerdote sobre la casa de Dios.

Los sacerdotes quienes entraban en el santuario terrenal podrían hacerlo solamente debido a su relación con el sumo sacerdote; sólo los hijos de Aarón podrían ser sacerdotes. Así también, nosotros tenemos entrada en el santuario debido a nuestra relación con el Señor Jesús. Él dijo al Padre, he aquí yo, y los hijos *que me has dado* (Juan 17:11).[20]

Él es el gran Sumo Sacerdote. La epístola a los Hebreos nos ha mostrado que Él es el verdadero Melquisedec, el Hijo Eteno, quien tiene un sacerdocio eterno e inmutable, y como Sumo Sacerdote está sentado en el trono. Vive ahí para orar siempre; *por lo cual puede también salvar perpetuamente a los que por él se acercan a Dios* (Hebreos 7:25). Él es el grande y todopoderoso Sumo Sacerdote.

Como el Sumo Sacerdote sobre la casa de Dios, Él está encargado de todo el ministerio de la casa de Dios. Toda la gente de Dios está bajo su cuidado. Si deseamos entrar al santuario, él está ahí para recibirnos y presentarnos al Padre. Él mismo completará en nosotros el rociado de la sangre. Mediante la sangre Él ha entrado; y mediante la sangre Él también nos trae a nosotros. Él nos enseña las cosas que debemos hacer y cómo debe ser la comunicación ahí. Él hace nuestras oraciones, nuestras ofrendas, y las tareas de nuestro ministerio aceptables, aun y lo débiles que somos. Lo que es más, Él nos presenta con luz y poder celestiales para nuestro trabajo y vida en el santuario. Así como su sangre nos dio acceso, su carne es el camino vivo. Al entrar, Él nos mantiene morando ahí y nos hace capaces de caminar agradando a Dios. Como un Sumo Sacerdotes compasivo, Él sabe inclinarse para escuchar a todos, incluso para atender a los más débiles. Eso es lo que hace la comunión con Dios en el santuario tan atractiva; pues encontramos a Jesús ahí como el Sumo Sacerdotes sobre la casa de Dios.

---

[20] También se confirma esta idea con el pasaje de Hebreos 2:13; 2:10.

Y cuando parece como si el Lugar Santísimo es tan alto y santo para nosotros y no podemos entender lo que es el poder de la sangre o cómo debemos caminar en el camino nuevo y vivo, podemos alzar la mirada al Salvador vivo, quien nos enseña y nos trae dentro del santuario. Él es el Sumo Sacerdote sobre la casa de Dios.

Acerquémonos a donde Dios nos espera; la sangre nos da libertad, el camino vivo nos lleva, y el Sumo Sacerdote nos ayuda. Que nada nos impida hacer uso de esta maravillosa bendición que Dios ha diseñado para nosotros. Nuestro derecho ha sido obtenido para nosotros mediante la sangre de Jesús; por sus propias pisadas, Él ha consagrado el camino. Él vive en su sacerdocio eterno para recibirnos y santificarnos, preservarnos y bendecirnos. No titubeemos ni retrocedamos. Sacrifiquemos todo por esto teniendo en mente lo que Dios ha preparado para nosotros. *Acerquémonos* de la mano de Jesús para presentarnos ante nuestro Padre y encontrar nuestra vida a la luz de su rostro.

Pero ¿podemos saber cómo debemos prepararnos para entrar? Nuestro texto (el que mencionamos al inicio del capítulo) nos da una gloriosa respuesta a esta pregunta.

Cómo debemos prepararnos
Con un corazón sincero
Este es el primero de cuatro requisitos que el creyente debe cumplir si desea *acercarse*. Por cierto, este también se conjuga con el segundo, en plena certidumbre de fe, y es precisamente en su conexión con este segundo que podemos entender lo que significa lo de *un corazón sincero*.

La predicación del evangelio comienza con el arrepentimiento y la fe. El hombre no puede recibir la gracia de Dios por la fe si al mismo tiempo el pecado no es perdonado. En el progreso de la vida de fe, esta ley es siempre obligatoria. La plena certeza de fe no puede alcanzarse sin *un corazón sincero*, un corazón que es enteramente honesto con Dios y se somete enteramente a Él. No se puede entrar al Lugar Santísimo sin *un corazón sincero* —un corazón verdaderamente deseoso de buscar lo que dice que busca.

Acercarnos con un corazón sincero —un corazón que verdaderamente desea abandonar todo para habitar en el Lugar Santísimo—, que abandona todo para poseer a Dios. Un corazón sincero abandona para entregarse a la autoridad y al poder de la sangre. Un corazón sincero elige *el camino nuevo y vivo* a fin de ir a través del velo con Cristo al rasgar el velo de su carne. Un corazón sincero se entrega por completo a quien lo habita, al señorío de Jesús.

Acerquémonos con un corazón sincero. Sin un corazón sincero no pude haber acceso al Lugar Santísimo. Pero ¿quién tiene un corazón sincero? El nuevo corazón que Dios nos ha dado es un corazón sincero. «*De modo que si alguno está en Cristo, nueva criatura es; las cosas viejas pasaron; he aquí todas son hechas nuevas*» (2 Corintios 5:17). Mediante el poder del Espíritu de Dios (quien es Aquel que habita en nuestro nuevo corazón), usted puede situarse del lado de Dios contra el pecado que aún está en su carne. Diga al Señor Jesús, el Sumo Sacerdote, que se somete y echa sobre Él todo pecado y toda su vida centrada en el yo, mientras abandona todo por seguirle.

Y en cuanto a las profundidades ocultas del pecado en su carne, de las cuales usted no está aún consciente, y la malicia de su corazón, para esto hay también provisión. David escribió: «*Examíname, oh Dios, y conoce mi corazón*» (Salmos 13:23). Sométase continuamente a la luz que escudriña el corazón, la luz del Espíritu. Él descubrirá aquello que está vedado para usted. Quien hace esto tiene un corazón sincero para entrar en el Lugar Santísimo.

No tengamos miedo de decirle a Dios que nos acercamos con un corazón sincero. Estemos seguros de que Dios no nos juzgará de acuerdo a la perfección que nosotros nos hallamos creado, sino de acuerdo a la honestidad con la cual abandonamos todo pecado conocido y aceptamos la convicción del Espíritu Santo de todo pecado escondido. Un corazón que hace esto honestamente es un corazón sincero ante los ojos de Dios. Podemos acercarnos al Lugar Santísimo con un corazón sincero mediante la sangre. Alabado sea Dios, que por su Espíritu tenemos un corazón sincero.

En plena certidumbre de fe

Sabemos qué lugar ocupa la fe en el trato de Dios con el hombre. «*Sin fe es imposible agradar a Dios*» (Hebreos 11:6). Aquí, en la entrada al Lugar Santísimo, todo depende de la certidumbre de fe.

Necesitamos tener la plena seguridad —por fe— de que el santuario existe, un lugar en donde podemos habitar y caminar con Dios y donde el poder de la preciosa sangre ha conquistado el pecado tan perfectamente que nada puede impedir nuestra imperturbable comunión con Dios. El camino que Jesús santificó a través de su carne es un *camino vivo*, el cual lleva a aquellos que lo transitan con poder vivo y eterno. Este es donde el gran Sumo Sacerdote sobre la casa de Dios puede salvar perpetuamente a los que por Él se acercan a Dios; por su Espíritu Él opera en nosotros todo lo que es necesario para la vida en el Lugar Santísimo. Necesitamos creer estas cosas y mantenernos firmes en la plena certidumbre de fe.

Pero ¿cómo podemos llegar a este punto? ¿Cómo puede nuestra fe crecer hasta alcanzar esta plena certidumbre? Mediante la comunión con *Jesús, el autor y consumador de la [nuestra] fe* (Hebreos 12:2). Como el gran Sumo Sacerdote sobre la casa de Dios, Él nos capacita para apropiarnos de la fe. Al considerarlo, al considerar su maravilloso amor, su obra perfecta y su sangre preciosa y todopoderosa, la fe es sustentada y fortalecida. Dios nos ha dado a Jesús para despertar nuestra fe. Al mantener nuestros ojos fijos en Él, la fe y la plena certidumbre de fe se convierten en nuestras.

Al poner en sus manos la Palabra de Dios recuerde que *la fe es por el oír, y el oír, por la palabra de Dios* (Romanos 10:17). La fe proviene mediante la Palabra y crece mediante la Palabra, pero no la Palabra como ley sino como la voz de Jesús. «*Las palabras que yo os he hablado son espíritu y son vida*» (Juan 6:63). Tome tiempo para meditar en la Palabra y atesórela en su corazón, pero siempre con un corazón puesto en Jesús mismo. Es la fe en Jesús lo que salva. La Palabra que se lleva a Jesús en oración y que se convierte en conversación con Él es la Palabra más eficaz.

Recuerde que *cualquiera que tiene, se le dará* (Mateo 13:12). Haga uso de la fe que tiene; ejercítela, declárela, y permita que la misión de su vida sea crecer en fe. Dios quiere que sus hijos crean en Él; Él no desea nada tanto como la fe. Que éste sea su hábito: ejercitar su confianza en la dirección y bendición de Dios en todo.

Para entrar en el Lugar Santísimo se necesita plena certeza de fe. *Acerquémonos en plena certeza de fe*. La redención mediante la sangre es perfecta y poderosa; el amor y la gracia de Jesús es desbordante; la bienaventuranza de habitar en el Lugar Santísimo es segura para nosotros y está dentro de nuestro alcance. Acerquémonos en plena certidumbre de fe.

El corazón purificado

El corazón es el centro de la vida humana, y la conciencia es el centro del corazón. A través de su conciencia, el hombre [sin Cristo] reconoce su relación con Dios; ésta le dice que no anda bien con Él en forma general (y no meramente que ha cometido algún pecado en sí), le dice que es pecaminoso y que está apartado de Dios. Por otro lado, una conciencia limpia da testimonio [al hombre con Cristo] de que agrada a Dios (Hebreos 11:5). Le da testimonio no sólo de que el pecado ha sido perdonado, sino también que su corazón es sincero delante de Dios. Todo aquel que desee entrar en el Lugar Santísimo debe tener un corazón limpio de mala conciencia. La RV1960 traduce textualmente: *purificados los corazones de mala conciencia*. La aspersión de la sangre realiza esta limpieza y purificará la conciencia para servir al Dios vivo.

Hemos visto ya que el acceso al Lugar Santísimo es posible mediante la sangre, pero esto no es suficiente. Hay un doble rociado: los sacerdotes quienes se acercaban a Dios no eran sólo reconciliados mediante la aspersión de la sangre ante Dios que se hacía sobre el altar, sino también al ser rociados ellos mismos, sus propias personas, ellos eran rociados. La sangre de Jesús necesita ser traída por el Espíritu Santo en contacto directo con nuestros corazones para limpiarlos de una mala conciencia. La sangre remueve toda auto-condenación; limpia la conciencia, que luego es testigo de la completa eliminación de la culpa. No existe más separación entre Dios y nosotros. La conciencia da testimonio de que agradamos a Dios, nuestro corazón es limpio, y nosotros estamos en una comunión viva y verdadera con Dios. Sí, la sangre de Jesús nos limpia de todo pecado —no sólo de la culpa sino también de la mancha del pecado.

El poder de la sangre le impide a nuestra naturaleza caída ejercitar su poder. Así como una fuente limpia la hierba con su rocío gentil y la mantiene fresca y verde, así también la sangre opera con un incesante efecto para mantener el alma limpia. Un corazón que vive bajo el poder de la sangre es un corazón limpio; limpio de una conciencia culpable y preparada para acercarse a Dios con libertad perfecta. El corazón entero, el ser completo, es limpio mediante esta divina operación.

Acerquémonos con corazón sincero, en plena certidumbre de fe, purificados los corazones de mala conciencia. Creamos con plena certidumbre de fe que nuestro corazón está limpio. Honremos la sangre al confesar a Dios que ésta nos ha limpiado. El Sumo Sacerdote nos hará entender el completo significado y poder de las palabras, *purificados los corazones por la sangre.* Obtenemos acceso al Santuario que ha sido preparado por la sangre, y nuestros corazones son preparados por la sangre para este encuentro. ¡Oh, que glorioso es tener corazones limpios y así habitar en el Lugar Santísimo!

El cuerpo lavado

Nosotros pertenecemos a dos mundos, el que se ve y el que no se ve. Tenemos una vida interior y escondida que nos lleva a estar en contacto con Dios, y una exterior, una vida corporal mediante la cual tenemos relación con el hombre. Si esta palabra se refiere al cuerpo ésta se refiere a la vida entera en el cuerpo (con todas sus actividades).

El corazón necesita estar rociado con la sangre; el cuerpo necesita ser lavado con agua pura. Cuando los sacerdotes eran consagrados ellos debían lavarse con agua así antes de ser rociados con la sangre:

«Y llevarás a Aarón y a sus hijos a la puerta del tabernáculo de reunión, y los lavarás con agua» (Éxodo 29:4).

«Y con la sangre que estará sobre el altar, y el aceite de la unción, rociarás sobre Aarón, sobre sus vestiduras, sobre sus hijos, y sobre las vestiduras de éstos; y él será santificado, y sus vestiduras, y sus hijos, y las vestiduras de sus hijos con él» (Éxodo 29:21).

Y si ellos iban al santuario, allí no había tan sólo el altar con la sangre, sino también la fuente de bronce con agua. Así también Cristo vino mediante agua y sangre: *«Este es Jesucristo, que vino mediante agua y sangre; no mediante agua solamente, sino mediante agua y sangre»* (1 Juan 5:6).

«Cristo amó a la iglesia, y se entregó a sí mismo por ella, para santificarla, habiéndola purificado en el lavamiento del agua por la palabra, a fin de presentársela a sí mismo, una iglesia gloriosa, que no tuviese mancha ni arruga ni cosa semejante, sino que fuese santa y sin mancha» (Efesios 5:25-27). Jesús tuvo su bautismo con agua y luego con sangre (Lucas 12:50).

También hay para nosotros una doble limpieza: con agua y con sangre. El bautismo con agua es para arrepentimiento, para dejar el pecado; el apóstol Pablo declara: *«bautízate, y lava tus pecados*» (Hechos 22:16). Mientras que la sangre limpia el corazón y el hombre interior, el bautismo es la entrega del cuerpo con toda su vida visible a la separación del pecado.

Así que, «*acerquémonos con corazón sincero, en plena certidumbre de fe, purificados los corazones de mala conciencia, y lavados los cuerpos con agua pura*» (Hebreos 10:22). El trabajo divino de limpieza es mediante la sangre; el trabajo humano de limpieza es mediante el abandono del pecado, ambas cosas son inseparables.

Tenemos que estar limpios dentro del Lugar Santísimo. Tal y como jamás imaginaríamos aproximarnos a un rey estando sucios, así no podremos ir a la presencia de Dios en el Lugar Santísimo sin estar limpios de todo pecado. En la sangre de Cristo, Dios nos ha dado el poder para lavarnos. Nuestro deseo de vivir con Dios en el Lugar Santísimo debe estar unido al abandono del pecado, aun el más mínimo de ellos. Los inmundos no pueden entrar en el Lugar Santísimo[21].

¡Gloria a Dios! Él desea que estemos ahí y que le ministremos. Él desea nuestra pureza, de modo que podamos disfrutar de su bendición, de su santa compañía, y Él nos ha provisto de la sangre de Cristo y del Espíritu para lograrla.

Acerquémonos

El Lugar Santísimo está abierto para aquellos en nuestras congregaciones quienes aún no se han vuelto a Dios. Para ellos también el santuario está abierto. La sangre preciosa, el camino vivo y el Sumo Sacerdote son también para ellos.

---

[21] Por ello dice Dios, «nunca os conocí» (Mateo 7:21-23), porque para Dios todo aquel que no vive una vida en santidad no puede ver su rostro en el Lugar Santísimo.

Con gran confianza nos atrevemos a invitarles. Mis amigos, si aún están lejos de Dios, no desprecien más la maravillosa gracia de Dios. Acercaos al Padre, quien gustosamente les envía esta invitación; Él ha abierto un camino al Lugar Santísimo pagando el costo de la sangre de su Hijo. Amorosamente Dios le recibe dentro de su morada como hijo suyo. Acerquémonos. Cristo Jesús, el Sumo Sacerdote sobre la casa de Dios es el perfecto Salvador.

Acerquémonos. La invitación viene específicamente para todos los creyentes. No se conforme con estar en el porche. No es suficiente tener una mera esperanza de que sus pecados han sido perdonados. Entremos dentro del velo y en el espíritu avance para estar verdaderamente cerca de nuestro Dios. Vivamos cerca de Dios, y hagamos de su santa presencia toda nuestra morada; nuestro lugar está en lo más íntimo de su santuario.

Acerquémonos con un corazón sincero en plena certidumbre de fe. Todo aquel que se dé a sí mismo sincera y enteramente a Dios experimentará libremente la plena certidumbre de fe y todo lo que la Palabra ha prometido. Nuestra debilidad en la fe tiene su raíz en la hipocresía, en la doblez de corazón. La sangre ha expiado y vencido tan perfectamente al pecado que nada puede impedir al cristiano entrar libremente a la presencia de Dios.

Acerquémonos, teniendo nuestros corazones purificados de mala conciencia y nuestros cuerpos lavados con agua pura. Recibamos fe en nuestros corazones en el perfecto poder de la sangre, y abandonemos todo lo que no concuerda con la pureza del santuario. Entonces empezaremos a sentirnos mas en casa al estar en el Lugar Santísimo. En Cristo, quien es nuestra vida, *vosotros que en otro tiempo estabais lejos, habéis sido hechos cercanos por la sangre de Cristo* (Efesios 2:13). Entonces aprenderemos a llevar todo nuestro trabajo al Lugar Santísimo. Todo lo que hacemos es un sacrificio espiritual que agrada a Dios en Cristo Jesús.

El llamado a acércanos tiene una especial referencia a la oración —no como si no estuviéramos siempre en el Lugar Santísimo—, pero hay momentos más íntimos que otros, y éstos se presentan cuando el alma se derrama enteramente a Dios para dedicarse enteramente a Él, y sólo a Él. Sin embargo, nuestra oración es muchas veces tan sólo un llamado a Dios desde la distancia, por lo que hay poco poder en ella. No, más bien, *acerquémonos* cada vez que oremos. Sí, hagamos tiempo para *acercarnos* y entonces orar. Entonces podemos presentar nuestros deseos y anhelos ante nuestro Padre con la seguridad de que éstos son un incienso aceptable. Entonces, la oración es un verdadero acercamiento a Dios, el ejercicio de una compañía íntima con Él; entonces, podremos tener coraje y poder para llevar nuestro trabajo de intercesión y orar por la bendición de otros. Aquel que habita en el santuario mediante la sangre es verdaderamente uno de los santos de Dios y el poder de la presencia de Dios sale de él y es vertida sobre aquellos que están a su alrededor.

Acerquémonos, oremos por nosotros mismos, unos por otros, por todos. Que habitemos continuamente en el santuario, de manera que podamos llevar la presencia de Dios con nosotros a todas partes. Que ésta para nosotros sea la fuente de vida que crece de poder en poder y de gloria en gloria.

CAPÍTULO 8

Vida en la sangre

Jesús les dijo: De cierto, de cierto os digo: Si no coméis la carne del Hijo de Hombre, y bebéis su sangre, no tenéis vida en vosotros. El que come mi carne y bebe mi sangre, tiene vida eterna; y yo le resucitaré en el día postrero. Porque mi carne es verdadera comida, y mi sangre es verdadera bebida. El que come mi carne y bebe mi sangre en mí permanece y yo en él. El espíritu es el que da vida; la carne para nada aprovecha; las palabras que yo os he hablado son espíritu y son vida —Juan 6:53-56, 63
La copa de bendición que bendecimos, ¿no es la comunión de la sangre de Cristo? El pan que partimos, ¿no es la comunión del cuerpo de Cristo? —1 Corintios 10:16

En estos versículos se trata el tema del beber la sangre de Cristo. Así como el agua tiene un efecto dual, así también sucede con la sangre santa.

Cuando el agua es usada para lavar, ella limpia; pero si la bebemos, somos refrescados y revitalizados. Aquel que desee conocer el poder completo de la sangre de Jesús deberá aprender mediante su enseñanza respecto a qué significa beber la sangre. Todo mundo conoce la diferencia entre lavar y beber. El agua es necesaria para la limpieza y su uso es placentero; pero tomarla es aún más necesario. Sin la limpieza que el agua otorga no es posible vivir como se debe, pero sin beber definitivamente no podemos vivir, y sólo al tomarla podemos gozar de todos los beneficios de su poder para el sustento de la vida.

Sin beber la sangre del Hijo de Dios —esto es, sin apropiarnos de todo corazón de ella— no se puede obtener la vida eterna.

Para muchas personas la frase beber *la sangre del Hijo del Hombre* es algo desagradable, pero para los judíos lo era mucho más aún; ya que ingerir sangre estaba estrictamente prohibido por la ley de Moisés y la violación de esto estaba sujeto a sanciones severas.

> *«Porque la vida de toda carne es su sangre; por tanto, he dicho a los hijos de Israel: No comeréis la sangre de ninguna carne, porque la vida de toda carne es su sangre; cualquiera que la comiere será cortado»* (Levítico 17:14).

Era lógico que los judíos se molestaran cuando Jesús les habló de beber su sangre, ya que era una ofensa grave para su tradición religiosa. Ciertamente nuestro Señor no tendría que haber usado esta frase si existiera algún otro camino para mostrarnos la más profunda y más gloriosa verdad respecto a la salvación mediante la sangre.

Si buscamos ser partícipes de la salvación, tenemos que esforzarnos por entender tres aspectos sumamente importantes:

1.- La bendición al beber la sangre.
2.- Como esta bendición opera en nosotros.
3.- Nuestra actitud al beberla.

La bendición al beber la sangre

Hemos visto que en el caso del agua, beberla produce un efecto más poderoso que usarla para lavar. Existe una bendición en la comunión con la sangre de Jesús que va más allá de la limpieza o la santificación, y podemos ver hasta donde esta bendición —indicada por esta frase— puede llegar.

No sólo la sangre nos coloca en una nueva relación con Dios, sino que también ésta hace algo en nosotros: nos renueva enteramente por dentro. Las palabras del Señor Jesús atraen nuestra atención respecto a esta renovación cuando Él dice: «*Si no coméis la carne del Hijo del Hombre, y bebéis su sangre, no tenéis vida en vosotros*» (Juan 6:53). Nuestro Señor distingue dos clases de vida. Los judíos que estaba ahí, escuchándolo, tenían una vida natural, la del cuerpo y el alma; muchos de entre ellos eran hombres bien intencionados y devotos, pero Él dijo que no tenían vida en ellos a menos de que comieran su carne y bebieran su sangre. Ellos necesitaban otra vida, una vida celestial y distinta a la que ellos ya tenían, una que sólo Él posee y que sólo Él puede impartir. La vida de toda criatura necesita alimentarse de algo fuera de sí misma. La vida natural es nutrida naturalmente con pan y agua; sin embargo, la vida celestial necesita nutrirse con la comida y bebida celestiales que Jesús mismo otorga. «*Si no coméis la carne del Hijo del Hombre, y bebéis su sangre, no tenéis vida en vosotros*». Su vida misma necesita convertirse en nuestra, nada menos que eso: la vida que Él, como el Hijo del Hombre, vivió en la tierra.

Nuestro Señor enfatizó esto aún más en las palabras que siguen, en las cuales Él, una vez más, explicó de lo que se trata la naturaleza de esa vida: «*El que come mi carne y bebe mi sangre, tiene vida eterna; y yo le resucitaré en el día postrero*» (Juan 6:54). La vida eterna es la vida de Dios. Nuestro Señor vino a la tierra la primera vez para revelar esa vida eterna en la carne y entonces otorgarla a nosotros quienes estamos en la carne. En Él vemos la vida eterna en su poder divino habitando en un cuerpo de carne, el cual fue tomado al cielo. Él nos dijo que aquellos que comen su carne y beben su sangre, quienes son participantes de su cuerpo como su sustento, experimentarán el poder de la vida eterna en sus propios cuerpos. «*Y yo le resucitaré en el día postrero*» (Juan 6:54). La maravilla de la vida eterna en Cristo es que ésta era vida eterna en un cuerpo humano. Nosotros tenemos que ser participantes de ese cuerpo, y entonces nuestro cuerpo, poseyendo esa vida, un día será levantado de la muerte.

Nuestro Señor dijo: «*Porque mi carne es verdadera comida, y mi sangre es verdadera bebida*» (Juan 6:55). La palabra traducida aquí como «*verdadera*» es la misma usada en la parábola de la vid verdadera, cuando dijo, YO SOY la vid **verdadera**, y de esta manera indica la diferencia entre lo que era tan sólo un símbolo y lo que es la verdad **real**. La comida terrenal no es comida real, porque ella no imparte vida real. La verdadera comida es el cuerpo y la sangre del Señor Jesucristo, pues ésta es la que imparte y sustenta la vida y no meramente la sombra o algo simbólico (como el alimento físico). Así, esta palabra indica en un sentido real y extenso que la carne y la sangre del Señor Jesús son la comida mediante la cual la vida eterna se nutre y sustenta en nosotros: «*Mi carne es verdadera comida, y mi sangre es verdadera bebida*».

Con el fin de señalar la realidad y poder de esta comida, nuestro Señor agregó: «*El que come mi carne y bebe mi sangre, en mí permanece, y yo en él*» (Juan 6:56). La alimentación mediante su carne y sangre efectúa la más perfecta unión con Él. Esta es la razón por la que su carne y sangre tienen el poder de la vida eterna. Nuestro Señor declara aquí que aquellos quienes creen en Él deben experimentar no sólo ciertas influencias de Él en sus corazones, sino deben también ser traídos dentro de la más cercana habitación con Él.

Esta es entonces la bendición de beber la sangre del Hijo del Hombre: convertirse en uno con Él, convertirse en un partícipe de la naturaleza divina con Él. Las siguientes palabras nos revelan qué tan real es esta unión: «*Como me envió el Padre viviente, y yo vivo por el Padre, asimismo el que me come, él también vivirá por mí*» (John 6:57). Nada, excepto la unión que existe entre nuestro Señor y el Padre, puede servir como un tipo de nuestra unión con Él. Así como en la naturaleza divina e invisible, las dos Personas son realmente una, así el hombre se convierte en uno con Jesús; la unión es tan real como la que está presente en la naturaleza divina, con una diferencia: como la naturaleza humana no puede existir separada del cuerpo, esta unión incluye también al cuerpo.

Nuestro Señor preparó para sí mismo un cuerpo en el que tomó una forma humana. Mediante el cuerpo y la sangre de Jesús, este cuerpo se convirtió en dador de vida eterna, en la vida de nuestro Señor mismo. Aquellos que deseen recibir la plenitud de esta bendición deben tener cuidado de disfrutar todo lo que las Escrituras ofrecen en la santa y misteriosa expresión *del beber la sangre de Cristo*.

Cómo esta bendición opera en nosotros

La primera idea que se presenta aquí es que *beber* indica la profunda y verdadera apropiación en nuestro espíritu, mediante la fe, de todo lo que entendemos concerniente al poder de la sangre.

Algunas veces hablamos de «beber las palabras de un orador» cuando intentamos decir que nos entregamos de todo corazón a escuchar y recibir esas palabras. Así, cuando el corazón de alguien está lleno del asombro de lo preciosa y poderosa de la sangre, cuando éste se pierde en la contemplación de ella con auténtico gozo, cuando él la toma para sí mismo y busca confirmación del poder dador de vida de la sangre, entonces se puede decir que él bebe la sangre de Jesús. Él absorbe en lo más profundo de su alma todo lo que la fe le permite ver respecto a la redención, la limpieza y la santificación por medio de la sangre.

Existe una profunda verdad en todo esto, una que nos da una muy gloriosa demostración del camino por el cual puede obtenerse la bendición completa mediante la sangre. Es evidente que nuestro Señor, al repetir la expresión de comer su carne y beber su sangre, tuvo la intención de mostrarnos algo más; así, esta verdad más profunda se pone de manifiesto cuando Él instituye la santa cena. Porque, aunque nuestro Salvador en realidad no se ocupó de esa cena cuando enseñaba en Capernaum, Él habló de ella más adelante, en la última cena.

En las Iglesias Reformadas existen dos puntos de vistas respecto a la cena del Señor. De acuerdo a una de ellas, la del reformador Zuinglio, el pan y el vino son meramente símbolos o representaciones de una verdad espiritual. Símbolos que están destinados a enseñarnos que tal como seguramente el pan y el vino, cuando se comen, nutren y avivan, así el cuerpo y la sangre, cuando se reconocen y apropian mediante la fe, nutrirán y avivarán el alma.

Según el otro punto de vista, el de Calvino, existe algo más que eso al comer la santa cena. Él enseña que, de una manera encubierta e incomprensible y mediante el Espíritu Santo, llegamos a ser tan nutridos por el cuerpo y la sangre de Jesús en el cielo que incluso nuestro cuerpo, a través del poder de *su* cuerpo, se convierte en partícipe del poder de la vida eterna. En este sentido, él conecta la resurrección del cuerpo con el comer el cuerpo de Cristo en la santa cena. Él escribe:

>«La presencia corporal que el sacramento demanda es tal, y ejerce tal poder aquí (en la cena), que se convierte no sólo en la indubitable seguridad de que nuestro espíritu tiene vida eterna, sino también asegura la inmortalidad de la carne. Si alguien me pregunta cómo esto puede ser, *no* me avergüenza reconocer que es un misterio demasiado alto para mi espíritu que no lo puedo comprender ni mis palabras lo pueden expresar. Lo siento más de lo que puedo entenderlo. Puede parecer increíble de hecho que la carne de Cristo llegara hasta nosotros desde tan inmensa distancia para convertirse en nuestro alimento. Pero debemos recordar lo mucho que el poder del Espíritu Santo trasciende nuestros sentidos. Dejemos entonces que la fe abrace lo que el entendimiento no puede alcanzar; es decir, que sea por fe que la sagrada comunión de su carne y sangre, mediante la cual Cristo transfunde su vida en nosotros, penetre en nuestros huesos y tuétanos»

La comunión de la carne y la sangre de Cristo es necesaria para todo aquel que desea heredar la vida eterna. El Apóstol se refiere a la iglesia, *la cual es su cuerpo* (Efesios 1:22-23). Luego, Pablo se refiere a Cristo como la cabeza y nuestros cuerpos como los miembros de Cristo (Efesios 4:15; 1 Corintios 6:15). Podemos ver que todo esto no puede tener lugar si Él no está unido a nosotros en cuerpo y espíritu. El apóstol Pablo una vez más hace uso de una gloriosa expresión: «*Somos miembros de su cuerpo, de su carne y de sus huesos*» (Efesios 5:30). Entonces Él exclama: «*Grande es este misterio*» (Efesios 5:32). Sería insensato no reconocer la comunión de los creyentes en el cuerpo y la sangre del Señor —una comunión que el Apóstol estimo ser tan grande que Él se maravilló de ella, antes de explicarla.

En la cena del Señor hay algo más para el creyente que la simple apropiación de la obra redentora de Cristo. Esto es evidente en el catecismo de Heidelberg, en la pregunta 76: «¿Qué significa entonces comer el cuerpo crucificado de Cristo y beber su sangre derramada?».[22] La respuesta es esta: «No sólo se trata de abrazar con un corazón lleno de fe todos los sufrimientos y la muerte de Cristo y recibir perdón de pecados y vida eterna, sino también estar más unidos a su cuerpo sagrado mediante el Espíritu Santo, quien habita tanto en Cristo como en nosotros».

Los pensamientos expresados en esta enseñanza están en completo acuerdo con las Escrituras. En la creación del hombre, lo que lo distingue de los otros espíritus que Dios creó previamente —y lo que hace del hombre la corona de la creación sabia y poderosa de

---

[22] Es importante notar que Jesús no habló de comer su cuerpo crucificado, sino simplemente de comer su cuerpo, añadir la palabra «crucificado» a este pasaje podría implicar distintas interpretaciones.

Dios— fue que él debe revelar la vida del espíritu y la gloria de Dios en un cuerpo formado del polvo. Mediante el cuerpo, la codicia y el pecado vinieron al mundo. Completa redención es diseñada para liberar el cuerpo y hacerlo morada de Dios. «*Porque por cuanto la muerte entró por un hombre, también por un hombre la resurrección de los muertos. Porque así como en Adán todos mueren, también en Cristo todos serán vivificados*» (1 Corintios 15:21 -22). Sólo entonces la redención será perfecta y el propósito de Dios cumplido. Este fue el propósito por el cual el Señor vino en la carne, y *en Él habita corporalmente toda la plenitud de la Deidad* (Colosenses 2:9). Por esto Él llevó nuestros pecados en su cuerpo sobre el madero, y a través de su muerte y resurrección Él liberó tanto el cuerpo como el espíritu del poder del pecado y de la muerte.

Como los primeros frutos de esta redención, somos ahora un cuerpo, así como un Espíritu con Él. Somos miembros de su cuerpo, de su carne y de sus huesos. Y es debido a esto que en la observancia de la cena del Señor que Él viene al cuerpo y toma posesión de él. No sólo el Señor obra en nuestro espíritu mediante su Espíritu para hacer partícipe a nuestro cuerpo de la resurrección, sino que el cuerpo *hoy* es el templo del Espíritu, y la santificación tanto del alma como del espíritu progresarán más gloriosamente en proporción a la participa-ción del cuerpo (aunque al ser indivisible con el alma y el espíritu y siendo carne, posee intrínsecamente influencia opuesta a tal santificación).[23]

---

[23] Esto significa que el cuerpo tiene más propensión a favorecer la carne que al Espíritu, por ello nos dice Jesús, p. ej. «la carne es débil» (Mateo 26:41); así, mientras el Espíritu Santo opera en nuestra alma y nuestro espíritu para crecer en santificación, el tercer elemento de nuestro ser siempre tendrá la tendencia de ir en contra de ese crecimiento.

Así, en el sacramento somos alimentados intencionalmente mediante el auténtico cuerpo natural real y la auténtica sangre de Cristo. No obstante, no seguimos la enseñanza de Lutero en cuanto a que el cuerpo de Cristo esté en el pan, de manera que aún el incrédulo que come el cuerpo santo reciba el poder del cuerpo santo y la sangre celestial, y llegue a ser partícipe de la vida eterna.

Todo lo que hasta ahora hemos dicho respecto a la santa cena debe tener su aplicación completa al acto de beber la sangre de Jesús. Esto es un misterio espiritual profundo en cual es afectada la unión mas perfecta e íntima con Cristo. Toma lugar donde, a través del Espíritu Santo, el alma se apropia totalmente de la comunión de la sangre de Cristo y se convierte en un verdadero participante de la disposición que Él reveló en el derramamiento de su sangre. La sangre es el alma, la vida del cuerpo, donde el creyente, como un cuerpo con Cristo, desea habitar perfectamente en Él. Mediante el Espíritu y de una manera sobrehumana poderosa, la sangre sustentará y fortalecerá la vida celestial. La vida que fue vertida se convierte en su vida. La vida del viejo *yo* muere para dar lugar a la vida de Cristo en él. Al percibir cómo *este beber* es la participación más elevada en la vida celestial del Señor, la fe tiene una de sus funciones más elevadas y gloriosas.

Nuestra actitud al beberla

Amado hermano, usted ha escuchado ya que esto [de lo que venimos hablando] es uno de los misterios más profundos de la vida de Dios en nosotros. Nos corresponde a nosotros acercarnos con profunda reverencia mientras pedimos al Señor Jesús nos enseñe qué es lo que Él quiere decir con esto de tomar su sangre.

Sólo aquellos que desean una completa unión con Jesús entenderán lo que es tomar la sangre de Jesús. «*El que come mi carne y bebe mi sangre, es mí permanece, y yo en él*» (Juan 6:56). Quién está satisfecho con sólo el perdón de sus pecados y no tiene sed para beber abundantemente del amor de Jesús se perderá de muchas bendiciones. Si el tal no desea experimentar la redención de su alma y de su cuerpo en su máxima expresión para adquirir la misma disposición que hubo en Jesús, éste tendrá una pequeña participación en los beneficios que la sangre ofrece. Por el otro lado, si su principal objetivo es también el objetivo de Jesús, y desea que el poder de la vida eterna opere en su cuerpo, entonces estará preocupado pensando en que estas palabras son demasiado elevadas y demasiado misteriosas. Este creyente anhela tener una mentalidad celestial porque él pertenece al cielo; por lo tanto, él desea también obtener su comida y su bebida directamente del cielo. Sin sed no se bebe tampoco. El añoro de tener a Jesús y de gozar perfecta compañía con Él es la sed, la mejor preparación para beber la sangre.

Es por el Espíritu Santo que el alma sedienta beberá de la frescura celestial de su bebida dadora de vida. Esta bebida es un misterio celestial. En el cielo, donde Dios el Juez y Jesús el Mediador del nuevo pacto habitan, ahí está *la sangre rociada* (Hebreos 12:23-24). Cuando el Espíritu Santo nos enseña, Él otorga más que un mero entendimiento humano que puede comprenderse; todos los pensamientos que pudieran considerarse respecto a la sangre o a la vida de Jesús y a nuestra participación de esa sangre como miembros de su cuerpo y la impartición del poder vivo de esa sangre no son sino pálidos rayos de la gloriosa realidad que el Espíritu Santo hará fructificar en nosotros mediante nuestra unión con Jesús.

¿Cómo podemos estar seguros de que alguna parte de nuestro cuerpo ha recibido sangre efectivamente? ¿No es donde un miembro del cuerpo tras otro recibe el flujo sanguíneo, el cual se renueva continuamente desde el corazón? Cada miembro de un cuerpo humano sano incesantemente y abundantemente bebe de la sangre. Así también el Espíritu de vida en Cristo Jesús —Quien nos une con Él— hará de este *beber de la sangre* una actividad natural de nuestra vida interior. Cuando los judíos se quejaron de lo que el Señor había dicho respecto a comer su carne y beber su sangre diciendo que era una *dura palabra*, Él contestó: «*El espíritu es el que da vida; la carne para nada aprovecha*» (Juan 6:63). Es el Espíritu Santo quien hace de este misterio divino vida y poder en nosotros, es decir, una verdadera experiencia viva, en la cual habitamos en Jesús y Él en nosotros.

De nuestra parte, nos toca tener una expectativa de fe quieta, fuerte y firme de que esta bendición nos será otorgada. Tenemos que creer que todo lo que la preciosa sangre puede hacer, u otorgarnos, es para nosotros.

Creamos que a través del Espíritu Santo el Salvador mismo hará que bebemos su sangre para vida. Creamos y apropiémonos de los efectos de la sangre que entendemos, a saber, los efectos de su reconciliación, limpieza y santificación.

Podemos entonces decir al Señor: «Oh Señor, tu sangre es mi bebida de vida. Tú, quien me has lavado y limpiado mediante esa sangre, tú me enseñarás cada día a comer la carne del Hijo del Hombre y a beber su sangre, de manera que yo habite en ti y tú en mí». Él de seguro lo hará.

CAPÍTULO 9

Victoria mediante la sangre

Y ellos le han vencido por medio de la sangre del Cordero y de la palabra del testimonio de ellos, y menospreciaron sus vidas hasta la muerte —Apocalipsis 12:11

Durante miles de años ha existido un conflicto entre la serpiente antigua, quien guía al hombre a la perdición, y la simiente de la mujer; ambos luchan por la poseer la humanidad.

«*Y Jehová Dios dijo a la serpiente: Por cuanto esto hiciste, maldita serás entre todas las bestias y entre todos los animales del campo; sobre tu pecho andarás, y polvo comerás todos los días de tu vida. Y pondré enemistad entre ti y la mujer, y entre tu simiente y la simiente suya; ésta te herirá en la cabeza, y tú le herirás en el calcañar*» (Génesis 3:14-15).

De pronto parecía como si el reino de Dios hubiera llegado al poder; pero luego, el poder del mal obtenía tanta supremacía que la lucha tenía la apariencia de no tener esperanza.

En la vida de nuestro Señor Jesús fue lo mismo. Con su venida, con sus maravillosas palabras y obras, se despertó la más gloriosa esperanza de una redención sin demoras. Sin embargo, la decepción que trajo su muerte a todos los que habían creído en Él fue terrible. Parecía de hecho que el poder de las tinieblas había conquistado y establecido su reino para siempre.

Pero Jesús se levantó de la muerte, entonces la aparente victoria del príncipe de las tinieblas se tornó en su terrible caída. Al provocar la muerte del Señor de vida, satanás le permitió a Él —quien era el único que podía abrir las puertas de la muerte— entrar en su reino. «*Así que, por cuanto los hijos participaron de carne y sangre, él también participó de lo mismo, para destruir por medio de la muerte al que tenía el imperio de la muerte, esto es, al diablo*» (Hebreos 2:14). En ese santo momento cuando nuestro Señor derramó su sangre en la muerte —y aunque parecía como si satanás fuere el victorioso—, el adversario realmente fue despojado de la autoridad que había poseído hasta ese momento.

Nuestro texto nos da una gran representación de esos memorables eventos. Los mejores comentaristas, a pesar de sus diferencias en los detalles, coinciden en pensar que tenemos en el capítulo 12 de Apocalipsis una visión de la expulsión de satanás del cielo como resultado de la ascensión de Cristo. Leemos en Apocalipsis 12:5, 7-9:

«Y ella dio a luz un hijo varón... y su hijo fue arrebatado para Dios y para su trono. Después hubo una gran

> *batalla en el cielo: Miguel y sus ángeles luchaban contra el dragón; y luchaban el dragón y sus ángeles; pero no prevalecieron, ni se halló ya lugar para ellos en el cielo. Y fue lanzado fuera el gran dragón, la serpiente antigua, que se llama diablo y Satanás, el cual engaña al mundo entero; fue arrojado a la tierra, y sus ángeles fueron arrojados con él».*

Entonces sigue el texto que hemos tomado como base para este capítulo:

> *«Entonces oí una gran voz en el cielo, que decía: Ahora ha venido la salvación, el poder, y el reino de nuestro Dios, y la autoridad de su Cristo; porque ha sido lanzado fuera el acusador de nuestros hermanos, el que los acusaba delante de nuestro Dios día y noche. Y ellos le han vencido por medio de la sangre del Cordero y de la palabra del testimonio de ellos, y menospreciaron sus vidas hasta la muerte. Por lo cual alegraos, cielos, y los que moráis en ellos. ¡Ay de los moradores de la tierra y del mar! Porque el diablo ha descendido a vosotros con gran ira, sabiendo que tiene poco tiempo»* (Apocalipsis 12:10-12).

El punto que merece nuestra atención especial es que mientras que se representa la derrota de satanás y su expulsión del cielo como resultado de la ascensión de Jesús y la guerra en el cielo, se escucha una canción de triunfo en el cielo: una victoria que es atribuida principalmente a la sangre del Cordero. Este es el poder mediante el cual se obtuvo la victoria.

A través del libro entero de Apocalipsis vemos al Cordero sobre el trono. Él ha ganado esta posición porque Él fue inmolado; la victoria sobre satanás y sobre toda su autoridad ha sido por la sangre del Cordero.

Hemos analizado los múltiples efectos de la sangre, pero es apropiado entender cómo esta victoria es siempre atribuida a la sangre del Cordero.

Consideraremos ahora la victoria desde varios ángulos:

1.- La victoria de una vez por todas.
2.- La victoria continua y progresiva.
3.- La victoria compartida.

La victoria de una vez por todas

En el cuadro presentado en nuestro texto, vemos la alta posición que ocupaba el gran enemigo de la humanidad (satanás). Él había entrado en el cielo y aparecía ahí como el acusador de los santos y como el oponente de todo lo que era hecho a favor de los intereses del pueblo de Dios.

Sabemos cómo esto es una enseñanza en el Antiguo Testamento. En el libro de Job vemos a satanás viniendo con los hijos de Dios para presentarse ante el Señor y obtener permiso de Dios para tentar a su siervo Job:

«Respondiendo Satanás a Jehová, dijo: ¿Acaso teme Job a Dios de balde? ¿No le has cercado alrededor a él y a su casa y a todo lo que tiene? Al trabajo de sus manos has dado bendición; por tanto, sus bienes han aumentado sobre la tierra. Pero extiende ahora tu mano y toca todo lo que tiene, y verás si no blasfema contra ti en tu misma presencia. Dijo Jehová a Satanás: He aquí, todo lo que tiene está en tu mano; solamente no pongas tu

mano sobre él. Y salió Satanás de delante de Jehová» (Job 1:9-12).

En Zacarías 3:1 leemos que él vio al *sumo sacerdote Josué, el cual estaba delante del ángel de Jehová, y Satanás estaba a su mano derecha para acusarle*. Luego en el libro de Lucas, nuestro Señor declara: «*Yo veía a Satanás caer del cielo como un rayo*» (Lucas 10:18). Más tarde, en la agonía de su alma, al anticipar sus sufrimientos, dice: «*Ahora es el juicio de este mundo; ahora el príncipe de este mundo será echado fuera*» (Juan 12:31).

Puede parecer extraño que las Escrituras representen a satanás estando en el cielo, pero para entender esto correctamente, debemos recordar que el cielo no es una pequeña vivienda donde Dios y satanás pudieran estar juntos como vecinos. No, el cielo es una esfera infinita con muchas distintas divisiones, llena de innumerables huestes de ángeles que llevan a cabo la voluntad de Dios en la naturaleza. Entre ellos, satanás todavía tenía lugar. También debemos recordar que él no es representado en las Escrituras como la figura oscura y espeluznante como es generalmente ilustrado, más bien, lo es como un ángel de luz (2 Corintios 11:14). Él fue un príncipe con decenas de millares de siervos.

Cuando hubo provocado la caída del hombre, él transfirió el mundo para sí mismo y se convirtió en su príncipe; él tuvo real autoridad sobre todos los que estaban en él. El hombre había estado destinado a ser el rey de este mundo, ya que Dios dijo: «*Fructificad... llenad la tierra, y sojuzgadla, y señoread...*» (Génesis 1:28). Sin embargo, cuando satanás conquistó al rey [al hombre], él tomó su reino entero bajo su autoridad, y su autoridad fue reconocida por Dios. En su santa voluntad, Dios había determinado que si el hombre escuchaba a satanás él tendría que sufrir las consecuencias y ser objeto de su tiranía. Dios nunca abusó de su poder ni ejerció la fuerza al hacer esto, sino que siempre actuó de acuerdo con su justicia. Así, satanás retuvo su autoridad hasta que ésta fuera tomada de él de una manera legal.

Esta es la razón por la que él podía aparecer ante Dios en el cielo como el acusador de los santos y en oposición a ellos durante los cuatro mil años del antiguo pacto. Él tenía autoridad sobre toda carne, y sólo después de ser conquistado en la carne, como la esfera de su autoridad, es que él pudo ser expulsado para siempre como acusador en el cielo. De esta manera, el Hijo de Dios tenía que venir en la carne para luchar y conquistar a satanás en su propio terreno.

Por esta razón también, después de que nuestro Señor fuese reconocido como el Hijo de Dios, Él *fue llevado por el Espíritu al desierto, para ser tentado por el diablo* (Mateo 4:1). La victoria sobre satanás sólo podría ser obtenida luego de soportar y resistir personalmente sus tentaciones.

No obstante, esta victoria no era suficiente. Cristo vino *para destruir por medio de la muerte al que tenía el imperio de la muerte, eso es, al diablo* (Hebreos 2:14). El diablo tenía ese poder de muerte debido a la ley de Dios. Esa ley le había instalado como celador de sus prisioneros. Las Escrituras dicen: «*Ya que el aguijón de la muerte es el pecado, y el poder del pecado, la ley*» (1 Corintios 15:56). La victoria sobre satanás y su expulsión no podría tener lugar hasta que las demandas de justicia de la ley fueran perfectamente cumplidas. El pecador debía ser liberado del poder de la ley antes de que pudiera ser liberado de la autoridad de satanás.

Era a través de la muerte de Cristo Jesús y del derramamiento de su sangre que Él cumplió las demandas de la ley. Incesantemente, la ley había declarado *que la paga del pecado es muerte* y que *el alma que pecare, esa morirá* (Romanos 6:23; Ezequiel 18:20). Por el ministerio del templo y los sacrificios con derramamiento y la aspersión de sangre, la ley había predicho que la reconciliación y la redención sólo podían ser posible mediante el derramamiento de sangre.

Para nuestra seguridad, el Hijo de Dios nació bajo la ley, y la obedeció perfectamente. Resistió las tentaciones de satanás para retirarse de su autoridad. Voluntariamente se entregó a sí mismo para soportar el castigo del pecado. Él no escucharía la tentación de satanás para rehusar la copa de sufrimiento. Cuando Él derramó su sangre, había dedicado su vida entera al cumplimiento de la ley. Cuando la ley había sido cumplida perfectamente, la autoridad del pecado y de satanás llegaron a su fin. Por lo tanto, la muerte no podría retenerle. *Por la sangre del pacto eterno*, el Dios de paz le *resucitó de los muertos* (Hebreos 13:20). Así también *por su propia sangre, entró una vez para siempre en el Lugar Santísimo, habiendo obtenido eterna redención* para hacer su reconciliación efectiva para nosotros (Hebreos 9:12).

El texto nos da una sorprendente descripción de los gloriosos resultados de la aparición de nuestro Señor en el cielo. En relación a la mujer misteriosa de Apocalipsis 12, leemos:

> «*Y ella dio a luz un hijo varón, que regirá con vara de hierro a todas las naciones; y su hijo fue arrebatado para Dios y para su trono. Después hubo una gran batalla en el cielo: Miguel y sus ángeles luchaban contra el dragón; y*

luchaban el dragón y sus ángeles; pero no prevalecieron, ni se halló ya lugar para ellos en el cielo. Y fue lanzado fuera el gran dragón, la serpiente antigua, que se llama diablo y Satanás, el cual engaña al mundo entero; fue arrojado a la tierra, y sus ángeles fueron arrojados con él» (Apocalipsis 12:5, 7-9). Después de esto es que está la canción de victoria con las palabras de nuestro texto base de este capítulo: «*Y ellos le han vencido por medio de la sangre del Cordero...*» (Apocalipsis 12:11).

En el libro de Daniel leemos de un conflicto previo entre Miguel, quien está de parte de pueblo de Dios (Israel) contra las potencias mundiales que se le oponen. Pero sólo en el libro de Apocalipsis satanás puede ser expulsado, y esto debido a la sangre del Cordero. La reconciliación por el pecado y el cumplimiento de la ley le han quitado toda esta autoridad y derechos. La sangre que ha hecho estas cosas tan maravillosas en el cielo, al borrar el pecado —reduciéndolo a nada—, tuvo un poder similar *sobre* satanás. Ahora no tiene derecho para acusar.

«*Ahora ha venido la salvación, el poder, y el reino de nuestro Dios, y la autoridad de su Cristo; porque ha sido lanzado fuera el acusador de nuestros hermanos... Y ellos le han vencido por medio de la sangre del Cordero*» (Apocalipsis 12:10-11).

LA VICTORIA CONTINUA Y PROGRESIVA

Satanás ha sido lanzado a la tierra, así la victoria celestial ahora tiene que ser hecha realidad aquí. Esto está indicado en las palabras de la canción de victoria, *ellos le han vencido por medio de la sangre del Cordero*. Esto se habló principalmente con respecto a los hermanos mencionados, pero se refiere también a la victoria de los ángeles. La victoria en el cielo y en la tierra progresan simultáneamente y descansan sobre el mismo fundamento.

Sabemos por el libro de Daniel la clase de comunión que existe entre el cielo y la tierra al llevar a cabo la obra de Dios:

«Entonces me dijo: Daniel, no temas: porque desde el primer día que dispusiste tu corazón a entender y a humillarte en la presencia de tu Dios, fueron oídas tus palabras; y a causa de tus palabras yo he venido. Mas el príncipe del reino de Persia se me opuso durante veintiún días; pero he aquí Miguel, uno de los principales príncipes, vino para ayudarme, y quedé allí con los reyes de Persia» (Daniel 10:12-13).

Tan pronto como Daniel oró, los ángeles empezaron a movilizarse, y las tres semanas de batalla en las regiones celestiales fueron tres semanas de oración y ayuno en la tierra. El conflicto aquí en la tierra es el resultado del conflicto en las regiones celestes, regiones invisibles. Miguel y sus ángeles, así como los hermanos en la tierra, ganaron la victoria mediante la sangre del Cordero.

En el capítulo 12 de Apocalipsis vemos como el conflicto fue trasladado del cielo a la tierra.

«*¡Ay de los moradores de la tierra...!* Exclamó la voz en el cielo, *porque el diablo ha descendido a vosotros con gran ira, sabiendo que tiene poco tiempo. Y cuando vio el dragón que había sido arrojado a la tierra, persiguió a la mujer que había dado a luz al hijo varón*» (Apocalipsis 12:12-13).

La mujer no significa otra cosa sino la Iglesia de Dios, de la cual nació Jesús. Cuando el diablo ya no pudo dañar a Jesús, se dedicó a perseguir a la Iglesia. Los discípulos de nuestro Señor y la Iglesia en los primeros tres siglos experimentaron esto. En las persecuciones sangrientas donde cientos de miles de cristianos perecieron como mártires, satanás hizo lo posible para guiar a la Iglesia a la apostasía o aun desarraigarla por completo. En su sentido más amplio, la declaración de *ellos le han vencido por medio de la sangre del Cordero y de la palabra del testimonio de ellos, y menospreciaron sus vidas hasta la muerte*, aplica a los mártires.

Luego de siglos de persecución vinieron siglos de descanso y prosperidad mundana. En vano, satanás había tratado a la fuerza de vencer, pero se dio cuenta que cuando la Iglesia tuvo el favor del mundo, él tuvo más éxito. Así, al conformarse al mundo, la Iglesia se volvió cada vez más oscura, hasta que la apostasía romana alcanzó su clímax en la Edad Media. Sin embargo, durante todos estos años muchos pelearon la batalla de fe en medio de la miseria circundante. Debido a su reverencia y su testimonio del Señor, la declaración fue establecida así: «*Y ellos le han vencido por medio de la sangre del Cordero y de la palabra del testimonio de ellos, y menospreciaron sus vidas hasta la muerte*».

La autoridad de satanás fue quebrada por este poder secreto en la Reforma. *Y ellos le han vencido por la sangre del Cordero.* El descubrimiento, la experiencia y la predicación de la gloriosa verdad de que somos *justificados gratuitamente por su gracia, mediante la redención que es en Cristo Jesús, a quien Dios puso como propiciación por medio de la fe en su sangre*, dio a los reformadores tal maravilloso poder y gloriosa victoria (Romanos 3:24-25).

Desde los días de la Reforma, la Iglesia ha sido inspirada por una nueva vida para obtener victoria sobre la muerte en proporción a como la sangre del Cordero es glorificada. Sí, incluso en medio de los paganos más salvajes donde el trono de satanás había permanecido imperturbable por miles de años, la sangre del Cordero es todavía el arma para destruir el poder de satanás. La predicación de la sangre de la cruz como la reconciliación por el pecado del mundo, como el fundamento de la libertad de Dios, y de su amor perdonador, es el poder mediante el cual el corazón más entenebrecido es abierto y reblandecido. Tal corazón es transformado: de ser la habitación de satanás, a un templo del Altísimo.

Esta provisión para la Iglesia está también disponible para cada cristiano. En *la sangre del Cordero*, éste siempre tendrá la victoria. Cuando el alma es convencida del poder de la sangre para efectuar perfecta reconciliación y eliminación del pecado, ésta priva al diablo de su autoridad sobre nosotros y opera en nuestros corazones una absoluta seguridad de que tenemos el favor divino. Cuando el alma vive en el poder de la sangre para destruir el poder del pecado, las tentaciones de satanás dejan de atrapar al individuo.

Dios habita donde se aplica la santa sangre del Cordero, y satanás es puesto en fuga. En el cielo, en la tierra y en nuestros corazones, la sangre del Cordero provee una continua victoria. *Y ellos le han vencido por medio de la sangre del Cordero.*

LA VICTORIA COMPARTIDA

Si somos contados con los que han sido limpiados en la sangre del Cordero, también participamos de la victoria. Sin embargo, para tener el completo goce de esto, tenemos que entender los siguientes hechos:

No hay victoria sin conflicto

Tenemos que reconocer que habitamos en el territorio del enemigo. Lo que fue revelado para el Apóstol en su visión celestial debe presentarse también en nuestra vida diaria. Satanás ha sido arrojado a la tierra y está airado en gran manera porque su tiempo es corto. Él no puede tocar al Jesús glorificado, pero busca dañarle atacando a su pueblo. Por tanto, debemos vivir conscientes de que a cada momento somos acechados por un enemigo que posee un poder y astucia inimaginables. Él nunca se cansa en sus esfuerzos por ponernos bajo su autoridad. Él es literalmente *el príncipe de este mundo* (Juan 14:30). Todo lo que está en este mundo está presto para servirle, y él sabe cómo hacer uso de todo esto en sus intentos para guiar a la Iglesia a la infidelidad al Señor e inspirarla con su espíritu —el espíritu del mundo.

Él no sólo usa las tentaciones que son comúnmente estimadas como pecado, sino también sabe cómo entrar en nuestros compromisos y negocios terrenales. Busca influenciarnos en nuestras tareas diarias, nuestros asuntos financieros y en la política. Él trata de controlar nuestra literatura, la ciencia y el conocimiento; en todas las cosas él trabaja para tornar todo lo que es legítimo en sí mismo para usarlo como herramienta en sus diabólicos engaños.

Todo creyente que desea participar en la victoria sobre satanás a través de la sangre del Cordero tiene que ser un combatiente. Necesita entender el carácter de su enemigo. Debe permitir ser enseñado por el Espíritu mediante la Palabra y así entender cuál es el arma secreta de satanás, el arma con la cual él tantas veces ciega y engaña a los hombres. El creyente debe saber que su *lucha no es contra sangre y carne, sino contra principados, contra potestades, contra los gobernadores de las tinieblas de este siglo, contra huestes espirituales de maldad en las regiones celestes* (Efesios 6:12). Debe dedicarse a continuar en el conflicto hasta la muerte. Sólo así él podrá unirse al cántico de victoria: «*Y ellos le han vencido por medio de la sangre del Cordero y de la palabra del testimonio de ellos, y menospreciaron sus vidas hasta la muerte*».

<u>La victoria mediante la fe</u>

Esta es la victoria que vence al mundo, nuestra fe. *¿Quién es el que vence al mundo, sino el que cree que Jesús es el Hijo de Dios?* (1 Juan 5:4-5). *Confiad* —dice nuestro Señor Jesucristo— *yo he vencido al mundo* (Juan 16:33). Satanás es un enemigo ya vencido. Él no tiene nada que decir a quien pertenece al Señor Jesús.

Debido a la incredulidad, a la ignorancia o a la duda de la seguridad de la victoria de Jesús, le puedo dar a satanás autoridad sobre mí, la cual, de otra manera, no poseería. Pero cuando sé que soy uno con el Señor Jesús y que Él vive en mí y que mantiene esa victoria que Él ganó, entonces satanás no tiene poder sobre mí. La victoria mediante la sangre del Cordero es el poder de mi vida.

Tan sólo esta fe puede inspirar coraje y gozo en la batalla. Al pensar en el terrible poder del enemigo, en su constante acecho, y en la manera en que se ha apoderado de todo lo que hay en la tierra (y que lo usa para tentarnos), podría decirse que la batalla es demasiado dura, o que no es posible vivir siempre bajo tal tensión, o que esa vida es imposible. Esto es perfectamente cierto si tuviéramos que enfrentar al enemigo con nuestra debilidad o ganar la victoria mediante nuestro propio poder. Sin embargo, eso no es lo que corresponde a un hijo de Dios. Jesús es el vencedor, por tanto, lo único que necesitamos hacer es tener nuestras almas llenas de la visión celestial de Jesús. Nuestras almas necesitan ser llenas con fe en la sangre por la cual Jesús mismo ha vencido, y con fe de que Él mismo está con nosotros para mantener el poder y la victoria de su sangre. Entonces *somos más que vencedores por medio de aquel que nos amó* (Romanos 8:37).

<u>La victoria en comunión con la sangre</u>

La fe no es meramente un pensamiento que capto o una convicción que llega a poseerme; es una vida. La fe pone el alma en contacto directo con Dios y las cosas invisibles del cielo, pero, sobre todo, con la sangre de Jesús. No es posible creer en la victoria sobre satanás sin ponerme a mí mismo bajo el poder de la sangre.

Creer en el poder de la sangre produce en mí un deseo por experimentar su poder; cada experiencia de su poder permite que la fe en la victoria sea más gloriosa.

Busque entrar más profundamente en la perfecta reconciliación con Dios, la cual es suya. Viva constantemente ejercitando la fe en la certeza de que la sangre le limpia de todo pecado y sométase voluntariamente para ser santificado y llevado cerca de Dios mediante la sangre; permita que ésta sea su alimento vivificante y fuente de poder. Usted tendrá así una experiencia ininterrumpida de victoria sobre satanás y sus tentaciones. Aquel que camina con Dios gobernará como un rey vencedor sobre satanás.

Creyentes, nuestro Señor Jesús no sólo nos ha hecho sacerdotes sino también reyes delante de Dios, de manera que podemos acercarnos a Él y gobernar para Él. Un espíritu de realeza debe inspirarnos —un coraje real para dominar sobre nuestros enemigos. La sangre del Cordero debe ser una señal y un sello, no sólo de reconciliación de toda culpa, sino también de victoria sobre todo el poder del pecado.

La resurrección y ascensión de Jesús, y la expulsión de satanás fueron los resultados del derramamiento de su sangre. La aspersión de la sangre abrirá nuestro camino para el completo goce de la resurrección con Jesús y para sentarnos con Él en los lugares celestiales.

Por eso, una vez más, le suplico que abra todo su ser al ingreso del poder de la sangre de Jesús; entonces su vida consistirá en una continua conmemoración de la resurrección, la ascensión de nuestro Señor, y en una continua victoria sobre todos los poderes del infierno. Su corazón se unirá constantemente al cántico del cielo:

> *«Ahora ha venido la salvación, el poder, el reino de nuestro Dios, y la autoridad de su Cristo; porque ha sido lanzado fuera el acusador... Y ellos le han vencido por medio de la sangre del Cordero»* (Apocalipsis 12:10-11).

CAPÍTULO 10

Gozo celestial mediante la sangre

Después de esto miré, y he aquí una gran multitud, la cual nadie podía contar... que estaban delante del trono y en la presencia del Cordero... y clamaban a gran voz, diciendo: La salvación pertenece a nuestro Dios que está sentado en el trono, y al Cordero. Estos son los que han salido de la gran tribulación, y han lavado sus ropas, y las han emblanquecido en la sangre del Cordero Apocalipsis 7:9-10, 14

Estas palabras tienen lugar en la bien conocida visión de la gran multitud en la gloria celestial, la cual ningún hombre podría contar. En el espíritu, el Apóstol les vio de pie delante del trono de Dios y del Cordero; ellos estaban vestidos de túnicas blancas y largas, y sostenían palmas en sus manos. Ellos cantaban en alta voz: «*La salvación pertenece a nuestro Dios que está sentado en el trono, y al Cordero*» (Apocalipsis 7:10). Todos los ángeles respondían a esta canción postrando sus rostros delante del trono y adorando a Dios y ofreciendo eterna alabanza y gloria a Él.

Entonces uno de los ancianos, señalando la gran multitud y la ropa que les distinguía le preguntó a Juan: «*Estos que están vestidos de ropas blancas, ¿quiénes son, y de dónde han venido?*» (Apocalipsis 7:13).

Juan respondió: «*Señor, tú lo sabes*». Entonces el anciano le dijo: «*Estos son los que han salido de la gran tribulación, y han lavado sus ropas, y las han emblanquecido en la sangre del Cordero. Por esto están delante del trono de Dios, y le sirven día y noche en su templo*» (Apocalipsis 7:14-15).

Esta explicación, concerniente al estado de los redimidos en su gloria celestial y dada por uno de los ancianos que estaban sentados alrededor del trono, es de gran valor. Nos revela que no sólo en este mundo de pecado y lucha la sangre de Jesús es la esperanza del pecador, sino que en el cielo, cuando todos los enemigos sean sometidos, esa preciosa sangre será reconocida por siempre como el fundamento de nuestra salvación. Y aprendemos que la sangre habrá de ejercitar su poder con Dios en el cielo. No sólo la sangre todavía tiene que ocuparse del pecado en la tierra, sino que por las eternidades el redimido deberá su salvación enteramente a ella.

Si entendemos esto mejor, experimentaremos una verdadera y vital conexión entre la aspersión de la sangre y los goces del cielo. Una verdadera e íntima conexión con la sangre en la tierra habilitará al creyente para compartir el gozo y la gloria del cielo mientras está en la tierra.

La sangre es causa de gozo en el cielo porque:
1.- Otorga el derecho de tener un lugar en el cielo.
2.- Nos hace aptos para los deleites del cielo.
3.- Provee detalles para la canción celestial.

Un lugar en el cielo

Está claro que este es el pensamiento principal del texto. En la pregunta, *Estos que están vestidos de ropas blancas, ¿quiénes son, y de dónde han venido?* El anciano desea centrar la atención e inquirir quienes son las favorecidas personas que están delante del trono y delante del Cordero con palmas en las manos. Al escuchar la respuesta de este varón esperamos que mencione lo más sobresaliente de la apariencia de estas personas. El anciano responde a la pregunta *¿de dónde han venido?* diciendo que son los que han salido de la gran tribulación. A la pregunta ¿quiénes son? él responde que son quienes *han lavado sus ropas, y las han emblanquecido en la sangre del Cordero.*

Esto es lo único a lo que el anciano presta atención y le señala como su marca distintiva. Esto es lo único que les da el derecho de tener lugar en gloria. Esto se convierte en algo evidente si notamos las palabras que inmediatamente le siguen: «*Por esto están delante del trono de Dios, y le sirven día y noche en su templo; y el que está sentado sobre el trono extenderá su tabernáculo sobre ellos*» (v. 15). *Por esto*, es debido a la sangre que ellos están delante del trono. Ellos deben su lugar en gloria a la sangre del Cordero. La sangre les da derecho al cielo.

¡Derecho al cielo! ¿Se puede hablar de tal cosa en relación con un pecador condenado? ¿No sería mejor gloriarse únicamente en la misericordia de Dios quien, por su pura gracia, admite a un pecador en el cielo? No, esto no sería mejor, ya que entonces no comprenderíamos el valor de la sangre o por qué ésta tuvo que ser derramada. También podríamos albergar conceptos falsos tanto de nuestro pecado como de la gracia de Dios y permaneceríamos incapacitados para el pleno disfrute de la gloriosa redención que el Salvador logró para nosotros.

Ya hemos dicho que satanás fue expulsado del cielo y arrojado a la tierra, y vemos de este incidente que un Dios santo siempre actúa de acuerdo a la ley. Así como el diablo no hubiese sido expulsado sino en apego a la ley y al derecho, así el pecador no puede ser admitido de otra manera. El profeta Isaías dijo: «*Sion será rescatada con juicio, y los convertidos de ella con justicia*» (Isaías 1:27). El apóstol Pablo nos dice que, *así como el pecado reinó para muerte, así también la gracia reine por la justicia para vida eterna* (Romanos 5:21). Esta fue la razón por la que Dios envió a su Hijo al mundo. En lugar de temer hablar de que un derecho de entrar al cielo podría demeritar la gracia, más bien debe reconocerse esto: que la más grande gloria de la gracia consiste precisamente en otorgar este derecho.

En ocasiones podemos encontrar la ausencia de esta percepción en las iglesias donde menos se espera. Recientemente pregunté a un hombre, quien hablaba de la esperanza que él tenía de ir al cielo cuando muriera, en qué descansaba esa esperanza. Él no era un hombre descuidado, no, de ninguna manera; ni tampoco confiaba en su propia justicia, pero él respondió: «Bueno, creo que me esfuerzo por buscar al Señor y hacer su voluntad». Cuando le dije que esta no era razón para estar de pie delante del trono de juicio de un Dios santo, él apeló a la misericordia de Dios. Cuando le dije de nuevo que necesitaba algo más que sólo misericordia, él no parecía haber oído ni entendido que sólo la justicia de Dios podría concederle la entrada al cielo. Me temo que hay muchos que escuchan la predicación de la justificación por la fe, pero que no tienen idea de que no pueden tener parte en la bendición eterna a menos de que sea declarada como algo legalmente justo para el individuo.

Algo enteramente distinto fue el testimonio de un hombre joven quien tenía problemas de aprendizaje, pero cuyo corazón el Espíritu de Dios había iluminado para entender el significado de la crucifixión de Jesús.

Cuando en su lecho de muerte se le preguntó acerca de su esperanza de vida eterna él dio a entender que había un gran libro en cuyas páginas sus muchos pecados fueron escritos. Entonces, con su dedo índice derecho señaló la palma de su mano izquierda, indicando la marca del clavo ahí. Figurativamente tomando algo de la mano horadada —él estaba pensando en la sangre que la marcaba— él mostró cómo todo lo que estaba escrito en ese libro ahora fue borrado. La sangre del Cordero era la razón de su esperanza.

La sangre del Cordero da al creyente derecho al cielo: «*He aquí el Cordero de Dios, que quita el pecado del mundo*» (Juan 1:29). Al derramar su sangre, Él llevó el castigo del pecado. Él se entregó a sí mismo a la muerte en nuestro lugar. Él dio su vida en rescate por muchos. Ahora la sangre de nuestro Señor ha sido realmente derramada como un rescate por nosotros, como castigo por nuestro pecado. Ahora la justicia de Dios declara que la sangre cumplió con todos los requerimientos de la ley concernientes al castigo y a la obediencia. Dios declara que todo pecador que cree en Cristo es justo. La fe es sólo el reconocimiento de que Cristo ha hecho todo por mí, y la declaración de Dios de justicia es sólo su confirmación de que, de acuerdo a la ley, yo tengo derecho a la salvación. La sangre del Cordero es la evidencia de este derecho. Si he sido limpio por esa sangre, puedo enfrentar la muerte con completa confianza debido a que tengo derecho al cielo.

Usted desea y espera entrar al cielo. Escuche la respuesta dada a esta pregunta: ¿Quiénes son los que encontrarán un lugar delante del trono de Dios? «*Estos son los que han salido de la gran tribulación, y han lavado sus ropas, y las han emblanquecido en la sangre del Cordero*» (Apocalipsis 7:14). Esa limpieza no tiene lugar en el cielo o en la muerte, sino aquí, durante nuestra vida en la tierra. No debe nadie engañarse a sí mismo por una esperanza del cielo sino se ha lavado en la preciosa sangre. No se atreva a encarar la muere sin estar seguro de que Jesús mismo le ha lavado mediante su sangre.

Aptos para los deleites del cielo

De poco sirve que los hombres tengan derecho a algo a menos que estén en condiciones de disfrutarlo. Por costoso que sea el regalo, de poco sirve si no se tiene el temperamento interior necesario. Otorgar el derecho de entrar al cielo a aquellos que no están preparados para él no les proporcionaría ningún placer, más bien, estaría en conflicto con lo perfecto de todas las obras de Dios.

El poder de la sangre de Jesús no sólo abre el cielo para el pecador, sino también opera en él en tan divina manera, que al entrar en el cielo parecería que la bendición de éste ha sido preparada para embonar perfectamente con él, la una y el otro[24].

Las palabras de nuestro texto nos dicen lo que constituye la bendición del cielo y qué disposición es necesaria para éste.

«Por esto están delante del trono de Dios, le sirven día y noche en su templo; y el que está sentado sobre el trono extenderá su tabernáculo sobre ellos. Ya no tendrán hambre ni sed, y el sol no caerá más sobre ellos, ni calor alguno; porque el Cordero que está en medio del trono los pastoreará, y los guiará a fuentes de aguas de vida; y Dios enjugará toda lágrima de los ojos de ellos» (Apocalipsis 7:15-17).

La bienaventuranza del cielo está constituida por la cercanía y comunión con Dios y el Cordero. Estar ante el trono de Dios y ver su rostro, servirle día y noche en su templo y estar bajo la sombra de Aquel que se sienta en el trono y ser alimentado y guiado por el Cordero: todas estas expresiones nos señalan lo mucho que depende la bienaventuranza de Dios y del Cordero; es decir, de verlos y comunicarnos con ellos, ser reconocido, amado y cuidado por ellos, de eso se trata la bendición.

Para estar preparados para tal intimidad con Dios y el Cordero son necesarias dos cosas:
- *Acuerdo interno en mente y voluntad*
- *Deleite en su cercanía y comunión*
- *Acuerdo interno*

---

[24] Murray habla aquí que las bendiciones del cielo sólo serán bendición para los que ya gozan de estas bendiciones en la tierra.

Ningún pensamiento es posible en el cielo fuera del que se une con la voluntad de Dios. ¿Cómo pueden dos habitar juntos si no estuvieren de acuerdo? Y porque Dios es el Santo, el pecador debe ser limpio de su pecado y santificado; de otra manera, él continúa completamente incapacitado para lo que constituye la felicidad del cielo. «*Seguid la paz con todos, y la santidad, sin la cual nadie verá al Señor*» (Hebreos 12:14). La naturaleza del hombre debe ser renovada enteramente, de manera que él pueda pensar, desear y tener la intención de hacer lo que agrada a Dios —no como una materia de mera obediencia sino como su placer normal, como algo que no puede ser de otra manera. La santidad tiene que ser su naturaleza. ¿No es esto lo que hemos visto que hace la sangre del Cordero? «*la sangre de Jesucristo su Hijo nos limpia de todo pecado*» (1 Juan 1:7). Donde son aplicadas la reconciliación y el perdón mediante el Espíritu Santo y retenidos por una fe viva, la sangre opera con un poder divino, matando los deseos pecaminosos y las concupiscencias; la sangre constantemente ejercita un poder maravilloso de limpieza. En la sangre, el poder de la muerte de Jesús opera; morimos al pecado con Él. A través de una intimidad con la sangre en fe, el poder de la muerte de Jesús es llevado hasta las partes más recónditas de nuestra vida secreta. La sangre quiebra el poder del pecado y nos limpia de todo pecado.

La sangre también nos santifica. Hemos visto que la limpieza es sólo una parte de la salvación, la eliminación del pecado. La sangre hace más que esto; ésta toma posesión de nosotros para Dios e interiormente nos otorga la misma perspectiva que tenía Jesús cuando derramó su sangre. Cuando esa sangre fue derramada, Él se santificó a sí mismo mediante la verdad. A medida que nos deleitamos y nos compenetramos de esa santa sangre, el poder de la rendición total a la voluntad de Dios y a su gloria, el poder para sacrificar todo y habitar en el amor de Dios (el cual inspiró al Señor Jesús), ese poder, es efectivo en nosotros.

La sangre nos santifica para vaciarnos de nosotros mismos y someternos, de manera que Dios pueda tomar posesión de nosotros y llenarnos de Él. Esta es la verdadera santidad: ser poseído por Dios y llenos de Él. Esto se opera mediante la sangre del Cordero, así, estamos preparados aquí en la tierra para encontrarnos con Dios en el cielo con un gozo inefable.

Adicionalmente con tener una misma voluntad con Dios, ser aptos para el cielo consiste en el deseo y la capacidad para gozar de la comunión con Dios. Aquí en la tierra, la sangre imparte la verdadera preparación para el cielo. Hemos visto como la sangre nos acerca a Dios; tenemos libertad mediante la sangre para entrar en el Lugar Santísimo —el lugar de la presencia de Dios— y hacer nuestra morada ahí. Hemos visto que Dios atribuye tal incomprensible valor a la sangre que donde la sangre es rociada, ahí está su trono de gracia. Cuando un corazón se coloca bajo la completa operación de la sangre, ahí Dios habita y ahí se experimenta su salvación.

La sangre hace posible la comunión con Dios y el Cordero, con el Señor Jesús mismo. ¿Hemos olvidado su palabra que dice: «*el que come mi carne y bebe mi sangre, en mí permanece, y yo en él*» (Juan 6:56)? La bendición completa del poder de la sangre es una completa y duradera unión con Jesús. Sólo nuestra incredulidad separa el trabajo de la persona, y la sangre del Señor Jesús. Él es Quien nos limpia mediante su sangre, nos acerca, y nos hace beber.

Solamente mediante la sangre somos aptos para una comunión completa con Jesús en el cielo, así como con el Padre.

Usted puede observar aquello que es necesario en su vida para ser moldeado, de modo que pueda tener una mente celestial. Observe como la sangre, la cual siempre tiene un lugar en el trono de gracia, demuestra su poder en su corazón, y su vida se tornará en aquella que mantiene una comunión ininterrumpida con Dios y con el Cordero, lo cual es un anticipo de la vida en la gloria eterna. Permita que este pensamiento entre en su alma: la sangre ya nos otorga en el corazón, aquí en la tierra, la bienaventuranza del cielo. La preciosa sangre hace que la vida en la tierra y la vida en el cielo sean una sola.

Detalles para la canción celestial

Lo que hemos dicho hasta aquí ha sido tomado de lo que el anciano declaró respecto a los redimidos. Pero, ¿hasta qué punto es esta su experiencia y testimonio? ¿Tenemos alguna declaración de ellos al respecto? Sí, ellos mismos dan testimonio. En la canción contenida en nuestro texto ellos fueron escuchados clamando en alta voz lo siguiente: «*La salvación pertenece a nuestro Dios que está sentado en el trono, y al Cordero*» (Apocalipsis 7:10). El Señor Jesús está en medio del trono como un Cordero inmolado, como un Cordero cuya sangre ha sido derramada. Como tal, Él es objeto de la adoración de los redimidos.

Esto aparece más claramente en la canción nueva que ellos cantan:

>*«Digno eres de tomar el libro y de abrir sus sellos; porque tú fuiste inmolado, y con tu sangre nos has redimido para Dios, de todo linaje y lengua y pueblo y nación; y nos has*

hecho para nuestro Dios reyes y sacerdotes» (Apocalipsis 5:9-10).

También, esto aparece en las palabras del Apóstol en el comienzo del libro, donde él habló después de todo lo que había visto y oído en el cielo respecto al lugar que el Cordero ocupaba. En la primera mención del nombre del Señor Jesús, Juan clamó: «*Al que nos amó, y nos lavó de nuestros pecados con su sangre, y nos hizo reyes y sacerdotes para Dios, su Padre; a él sea gloria e imperio por los siglos de los siglos. Amén*» (Apocalipsis 1:5-6).

Incesantemente, la sangre del Cordero continúa siendo el poder que despierta una canción de alegría y acción de gracias entre los salvos. Ahí, en esa cruz, tuvo lugar el sacrificio en el cual Él se entregó hasta la muerte por ellos y los ganó para sí mismo. La sangre es el sello eterno de lo que Él hizo y del amor que lo movió para hacerlo. Ésta sigue siendo la inagotable y desbordante fuente de dicha eterna.

Para que podamos entender mejor esto, notemos la expresión, *al que nos amó, y nos lavó de nuestros pecados con su sangre*. En toda nuestra consideración de la sangre de Jesús, no habíamos tenido ocasión de hacer un alto en esto hasta ahora. Y de todas las cosas gloriosas que la sangre nos ha dado esta es una de las más gloriosas: la sangre es la señal, la medida y la impartición de su amor. Cada vez que su sangre es aplicada, cada vez que Él hace que el alma experimente su poder, se produce un fresco desborde de su maravilloso amor. La completa experiencia del poder de la sangre en la eternidad no será otra cosa que la completa revelación de cómo Él se dio a sí mismo por nosotros en un amor eterno, sin término e incompresible, como Dios mismo.

Al que nos amó, y nos lavó de nuestros pecados con su sangre. Este amor es de hecho incomprensible. Y ese amor, ¿qué *no* lo ha movido a hacer?: Él se dio a sí mismo por nosotros; se hizo pecado por nosotros; se hizo maldición por nosotros. ¿Quién se atrevería a usar tal lenguaje? ¿Quién podría alguna vez haberse atrevido a pensar tal cosa si Dios no nos lo hubiera revelado por el Espíritu? Que Él realmente se dio a sí mismo por nosotros, no porque le fue encomendado hacerlo, sino impulsado por un amor que anheló que nos identificáramos con Él por siempre. «*Mas Dios muestra su amor para con nosotros, en que siendo aún pecadores, Cristo murió por nosotros*» (Romanos 5:8).

Debido a que es una maravilla tan divina, lo sentimos tan poco. Pero, ¡bendito sea el Señor! Viene el tiempo cuando lo sentiremos. Cuando estemos en contacto con el amor incesante y cercano de la vida celestial seremos totalmente llenos y satisfechos con ese amor. Sin embargo, aún aquí en la tierra hay esperanza de que, mediante un mejor conocimiento de la sangre y una más perfecta fe en ella, el Espíritu derramará más poderosamente ese amor en nuestros corazones. No hay nada que pueda impedir que seamos llenos con el amor del Cordero y nuestras bocas sean llenas con su alabanza aquí en la tierra, tal como sucede en el cielo. Cada experiencia del poder de la sangre se convertirá cada vez más en una experiencia del amor de Jesús.

Se nos ha dicho que no es deseable poner demasiado énfasis en la palabra *sangre*, porque suena tosca, y que un pensamiento dado puede expresarse de una manera más acorde con nuestro moderno hábito de hablar o pensar.

Tengo que reconocer que no comparto este punto de vista. Recibí esa palabra no como si viniera del apóstol Juan, sino como de Jesús mismo. Estoy convencido de que la palabra elegida por el Espíritu Santo está viva, llena del poder de la vida eterna, y conlleva un poder de bendición más allá de nuestro entendimiento. Cambiar la expresión a nuestra forma de pensar arrastra toda la imperfección de la traducción humana. Aquel que desea conocer y experimentar *lo que el Espíritu dice a las iglesias* aceptará la palabra por fe puesto que viene del cielo, y como una palabra que contiene el gozo y el poder de la vida eterna. Tales expresiones —*su sangre* y *la sangre del Cordero*— harán que en el Lugar Santísimo, el lugar de la gloria de Dios, resuenen eternamente las gloriosas notas de la *nueva canción*.

El gozo celestial mediante la sangre del Cordero será la porción de todos los que, con corazones sinceros, se han sometido a su poder. Será también la porción de todos los que en el cielo han sido hechos dignos de tener un lugar en la multitud alrededor del trono.

Hemos aprendido lo que dicen aquellos en el cielo y cómo ellos cantan de la sangre. Oremos que estas buenas nuevas tengan el efecto en nosotros que el Señor ha querido. Para vivir una vida celestial real tenemos que habitar en el completo poder de la sangre. La sangre nos da derecho de entrar al cielo.

Como la sangre de la reconciliación, ella hace posible en nosotros la conciencia plena y viva que pertenece a quienes han hecho del cielo su hogar. Nos lleva al Lugar Santísimo —cerca de Dios. Nos hace aptos para el cielo.

Como la sangre purificadora, nos libra de la concupiscencia y del poder del pecado, y nos preserva en comunión con la luz y la vida del Dios santo. La sangre inspira la canción de alabanza en el cielo. La sangre del Cordero —quien nos amó y se dio por nosotros—

no sólo habla de lo que Él hizo por nosotros, sino también de Aquel que lo ha hecho todo. En la sangre, tenemos la más perfecta impartición de Él mismo. Todo aquel que se entrega para experimentar todo lo que la sangre es capaz de hacer, pronto encontrará ingreso a una vida de cantos felices de alabanza y amor que sólo el cielo puede superar.

Esta vida es para usted y para mí. Que la sangre sea nuestra gloria, no sólo en la cruz, pero también en el trono. Sumerjámonos profundamente en la fuente viva de la sangre del Cordero. Abramos nuestros corazones de par en par a su operación. Creamos firmemente en la purificación incesante que el Sacerdote Eterno en persona nos brinda al aplicarnos esa preciosa sangre. Oremos con un deseo ardiente que no exista nada en nuestro corazón que no experimente el poder de la sangre. Unámonos gozosamente al cántico de la gran multitud, que no conocen nada tan glorioso como esto: «*tu sangre nos ha redimido para Dios*» (Apocalipsis 5:9).

Que nuestra vida en la tierra sea lo que debe ser: una canción continua *Al que nos amó, y nos lavó de nuestros pecados con su sangre, y nos hizo reyes y sacerdotes para Dios, su Padre; a él sea gloria e imperio por los siglos de los siglos. Amén* (Apocalipsis 1:5-6).

PALABRA PURA
palabra-pura.com

La editorial Palabra Pura está dedicada a crear materiales de educación cristiana para el estudio personal, la iglesia e institutos bíblicos. Usted puede consultar los recursos que ofrecemos en nuestra página web:

www.Palabra-Pura.com

Confiamos que la lectura de este libro haya sido de gran bendición para su vida. Mucho nos ayudará a seguir adelante si nos otorgara tan sólo unos minutos de su valioso tiempo para escribir un comentario positivo respecto a este libro **en la pagina de Amazon** (no es necesario comprar un libro para escribir su opinión o *review*).

Gracias por ser parte de nuestra comunidad de lectores y darnos el privilegio de servirle.
¡Dios le bendiga!

www.ingramcontent.com/pod-product-compliance
Lightning Source LLC
Chambersburg PA
CBHW072016110526
44592CB00012B/1332